INSECTES

Pamela Forey
Cecilia Fitzsimons

Adaptation française de
Marie-Jo Dubourg

GRÜND

GARANTIE DE L'ÉDITEUR

Pour vous parvenir à son plus juste prix, cet ouvrage a fait l'objet d'un gros tirage. Malgré tous les soins apportés à sa fabrication, il est malheureusement possible qu'il comporte un défaut d'impression ou de façonnage. Dans ce cas, ce livre vous sera échangé sans frais.

Veuillez à cet effet le rapporter au libraire qui vous l'a vendu ou nous écrire à l'adresse ci-dessous en nous précisant la nature du défaut constaté. Dans l'un ou l'autre cas, il sera immédiatement fait droit à votre réclamation.

Librairie Gründ - 60, rue Mazarine - 75006 Paris

Adaptation française de **Marie-Jo Dubourg**
Texte original de **Pamela Forey**
Illustrations de **Cecilia Fitzsimons**
Première édition française 1992 par Librairie Gründ, Paris

ISBN : 2-7000-1923-7
Dépôt légal : mars 1992
Édition originale 1992 par Atlantis Publications Ltd
sous le titre original *Insects*

Photocomposition : Bourgogne Compo, Dijon
Imprimé en Espagne

Graficas Reunidas

Sommaire

Introduction

Il y a plus d'un million d'espèces d'insectes dans le monde, ce qui en fait, et de loin, la classe la plus riche du règne animal. Ils jouent un rôle considérable dans la nature : ils pollinisent les fleurs de nombreuses plantes sauvages et arbres, de sorte que sans eux il n'y aurait ni fruits, ni grains ; certains sont nuisibles car ils dévorent les fleurs, les fruits et les racines des plantes sauvages ou cultivées, et des arbres, provoquant de véritables désastres et de grandes pertes économiques ; plus subtilement, de nombreuses autres espèces limitent les effectifs des insectes nuisibles en exerçant sur eux leur prédation, en les parasitant et en contrôlant leurs populations ; d'autres enfin transmettent activement des maladies comme la malaria et la typhoïde. Un monde sans insectes est inimaginable ; ils occupent des places cruciales dans tous les habitats et jouent un rôle considérable dans la nature et son équilibre.

Les ouvrages d'entomologie sont fort nombreux et un manuel de ce format-ci ne peut fournir qu'une introduction, une idée de leur diversité et de leurs formes. Cependant, il permettra au lecteur d'identifier les principales familles d'insectes et de classer ceux-ci dans l'ordre auquel ils appartiennent.

Comment utiliser ce manuel ?

Ce guide est divisé en plusieurs sections correspondant à la morphologie de l'insecte ; cependant plusieurs petits ordres d'insectes comme les Collemboles, les Éphéméroptères, les Nevroptères, etc. ont été regroupés dans une section à la fin bien qu'ils n'aient aucune relation les uns avec les autres. Les sections sont les suivantes : Lépidoptères (papillons diurnes et nocturnes) ; Hyménoptères (abeilles, guêpes et fourmis) ; Diptères (mouches) ; Coléoptères (coccinelles, hannetons) ; Hétéroptères (punaises) ; Homoptères (cigales, pucerons, cochenilles...) ; Ensifères et Caelifères (sauterelles et grillons) ; autres insectes. Si vous savez déterminer à quel ordre appartient un insecte, vous pourrez consulter aussitôt la section concernée pour identifier avec plus de précision l'animal. Si vous n'êtes pas sûr de l'ordre auquel il appartient, vous utiliserez le guide d'identification, page suivante, afin de déterminer la section qu'il vous faut consulter.

Guide d'identification

Les insectes ont un corps avec un exosquelette dur divisé en trois sections, la tête, le thorax et l'abdomen ; il y a deux antennes sur la tête ainsi que trois paires de pattes et deux paires d'ailes sur le thorax.

Nous avons classé les différents insectes selon la forme de leurs ailes afin que vous puissiez identifier facilement l'ordre auquel ils appartiennent. Les numéros de page indiqués ci-dessous vous permettront de vous reporter directement à la section qui convient.

Insectes aptères. Des insectes très primitifs, ainsi que certains autres, ne possèdent pas d'ailes, comme les collemboles et le poisson d'argent (p. 120, 121) ainsi que les puces et les poux (p. 119). D'autres insectes ont des formes sans ailes mais aussi des individus ailés ; comme les fourmis (p. 46) qui ont des ouvrières aptères ; certains forficules (p. 116) sont aptères, de même que certains grillons et coléoptères ; les femelles des cafards n'ont pas d'ailes, de même que les vers luisants (p. 89) et certains Lépidoptères.

Insectes dont les ailes antérieures sont différentes des ailes postérieures.
Certains insectes ont des ailes antérieures dures et rigides tandis que les ailes postérieures, utilisées pour le vol, sont membraneuses. Quand l'insecte est sur le sol ou au repos, les ailes postérieures, délicates, sont couvertes et protégées par les ailes antérieures, appelées élytres. Chez les criquets (p. 105-108) et les blattidés (p. 109) les élytres sont longs et étroits et bien qu'ils soient épais et coriacés, ils comportent des nervures. Les ailes postérieures sont pliées en éventail sous les élytres au repos. Les forficules (p. 116) ont de très courts élytres coriacés sous lesquels les ailes postérieures membraneuses se replient en éventail. Les mantes (p. 117) aussi ont d'épais élytres coriacés. Chez les punaises (p. 91-99), la base de chaque aile antérieure est coriacée et souvent colorée tandis que l'extrémité est membraneuse. Certains Homoptères (p. 100, 103-104) ont des ailes antérieures d'épaisseur uniforme. Chez les Coléoptères (p. 66-90), les élytres ne sont pas nervurés, ils sont très résistants, voire durs, et ils se rejoignent en ligne droite au centre du dos.

Insectes ayant deux paires d'ailes membraneuses.
Plusieurs ordres d'insectes ont deux paires similaires d'ailes membraneuses. Il s'agit de certains Homoptères (p. 100-102), des Nevroptères (p. 110), Odanates, Plécoptères et Éphéméroptères (p. 112-115), des Fourmilions (p. 117), Sialis, raphidies et panorpes (p. 118). Les Trichoptères (p. 111) aussi ont deux paires d'ailes membraneuses mais elles sont couvertes de poils et l'insecte peut ressembler à un papillon de nuit. Les Hyménoptères (p. 34-46) donnent souvent l'impression de n'avoir qu'une paire d'ailes bien qu'elles en aient en fait deux. En effet, le bord antérieur de l'aile postérieure plus petite est accroché au bord postérieur de l'aile antérieure.

Insectes ayant deux paires d'ailes à écailles
Les Lépidoptères (p. 14-33) se distinguent immédiatement des autres insectes par leurs grandes ailes couvertes d'écailles, souvent multicolores. Les Trichoptères (p. 111) ressemblent aux papillons de nuit mais leurs ailes sont couvertes de poils et non d'écailles.

Insectes n'ayant qu'une paire d'ailes
Chez les Diptères (p. 47-65), seules les ailes antérieures sont développées comme telles. Les ailes postérieures sont transformées en balanciers – on les voit assez bien juste derrière les ailes antérieures. On peut confondre les Hyménoptères (p. 34-46) avec des mouches car ils donnent souvent l'impression de n'avoir qu'une seule paire d'ailes ; cependant un examen attentif révèlera qu'ils ont deux paires d'ailes accrochées l'une à l'autre et n'ont pas de balanciers.

Pour une identification précise
Une fois que vous aurez déterminé l'ordre auquel l'insecte appartient, reportez-vous à la section correspondante. Au début des sept premières sections, une page d'introduction, illustrée de quatre espèces représentatives, vous précisera les caractéristiques détaillées du groupe.

Ensuite, les caractéristiques de chaque grande famille vous seront données. Dans le bandeau coloré, vous trouverez le nom de la famille ainsi que la fourchette de taille des insectes de cette famille (pour les papillons on indique l'envergure au lieu de la longueur). Les symboles de taille vous aideront à l'identification. Quelques pages, à la fin de chaque section, seront consacrées à la description de familles plus petites.

FIG. 1 SYMBOLES DE TAILLE

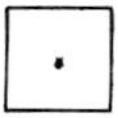
moins de 5 mm

jusqu'à 12 mm

12-25 mm

25-50 mm

50-75 mm

plus de 75 mm

Les quatre encadrés vous aideront à identifier l'insecte. Dans tout le texte, des chiffres indiquent le(s) nom(s) des insectes illustrés sur la page. Le premier encadré précise les caractéristiques spécifiques à cette famille.

Le second encadré fournit d'autres informations sur le comportement des adultes, l'endroit où l'on a le plus de chance de les trouver ainsi que leur nourriture. Un symbole d'avertissement sur l'illustration indique lorsqu'ils piquent, mordent ou provoquent une irritation de la peau.

FIG. 2 ATTENTION.

Ces insectes peuvent piquer, mordre ou provoquer une irritation.

Le troisième encadré décrit les larves, indique si elles sont nuisibles, où on peut les trouver et ce qu'elles mangent. Celles-ci sont représentées sur de nombreuses pages.

Le quatrième encadré signale des espèces communes de la famille et en fait une brève description. Celles qui sont illustrées figurent en caractères gras, celles qui ne le sont pas apparaissent en caractères maigres. Les noms sont en français lorsque cela est possible mais certains insectes n'ayant pas de nom français on a utilisé le nom latin.

Les illustrations montrent une ou deux espèces communes de la famille et une carte vous permettant de localiser facilement l'espèce en Europe et en France.

FIG. 3 CARTE DE DISTRIBUTION

● Les membres de cette famille sont répandus ou communs dans la zone.

○ Certaines espèces de cette famille se trouvent dans la zone.

AUTRES FAMILLES COMMUNES

Vous trouverez certaines pages concernant des familles plus petites ou moins communes, quatre familles pouvant être décrites sur une même page. Chaque famille sera décrite brièvement et quelques détails sur le comportement de l'animal vous seront donnés.

FIG. 4 PAGE SPECIMEN

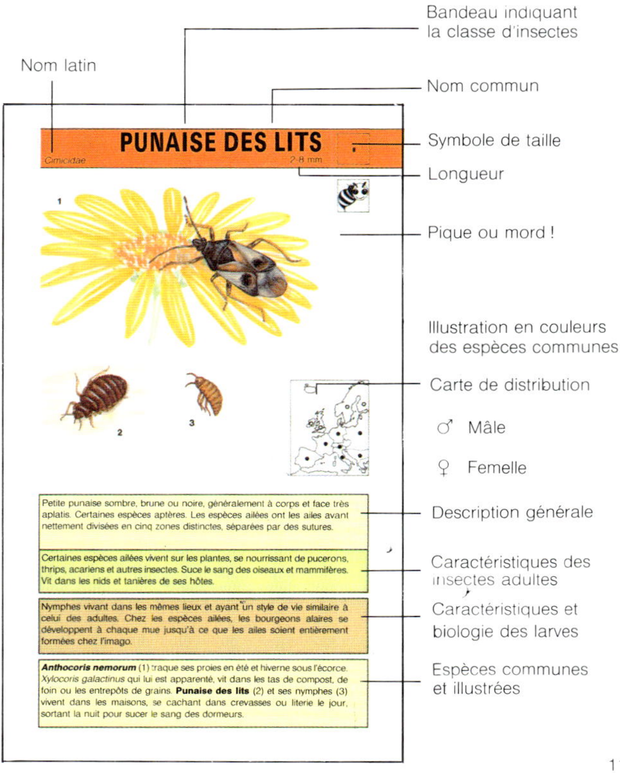

Cycle de vie des insectes

On distingue deux types de cycle de vie. Les insectes primitifs, dont les criquets, punaises, éphémères et libellules pondent des œufs qui donnent des nymphes, miniatures aptères des adultes. Celles-ci mènent généralement une vie similaire à celle des adultes et développent des ailes au fur et à mesure de leur croissance et de leurs mues. Après la dernière mue, les ailes sont entièrement formées et l'insecte est adulte.

En opposition, des insectes plus évolués comprenant les Hyménoptères, Lépidoptères et Coléoptères ont un cycle de vie en deux phases, les larves ou les jeunes qui se développent à partir des œufs ayant un aspect et des mœurs assez différents de ceux des adultes. Après l'éclosion, les larves grandissent à chaque mue mais n'ont jamais d'ébauches alaires. À l'avant-dernière mue, elles se transforment en pupe ou chrysalide dans laquelle la larve se métamorphosera en adulte. Lors de la mue finale, la pupe s'ouvre et l'adulte émerge. Les adultes s'accouplent, les femelles pondent des œufs et le cycle de développement recommence.

FIG. 5 CYCLE DE VIE D'UN PAPILLON

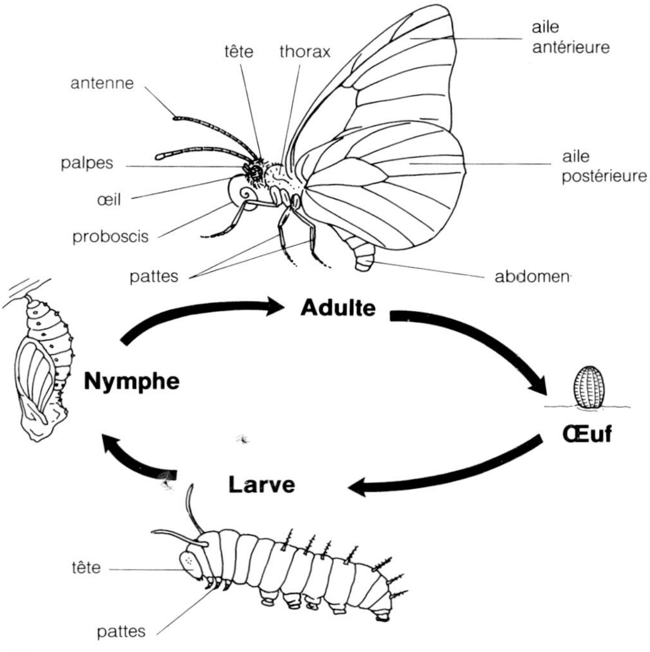

Glossaire illustré

Miellée Liquide sucré produit par certains insectes

Mue En raison de la dureté de leur peau (ou exosquelette), les insectes ne peuvent croître en continu comme de nombreux autres animaux ; ils muent donc périodiquement pendant leur vie (ils se séparent de leur peau) et croissent rapidement pendant que leur nouvelle peau est encore molle et avant qu'elle ne durcisse

Criquet

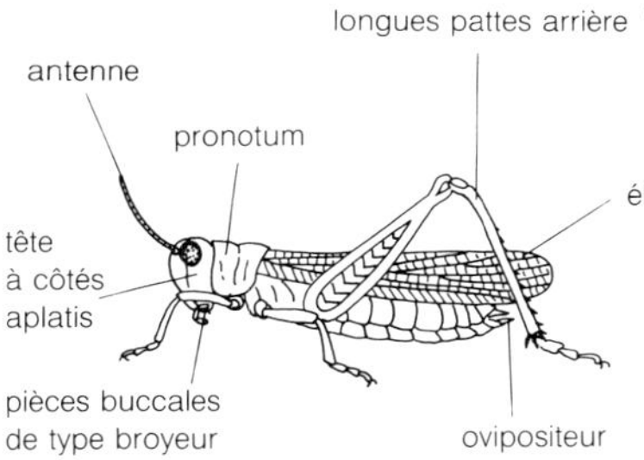

Éphémère

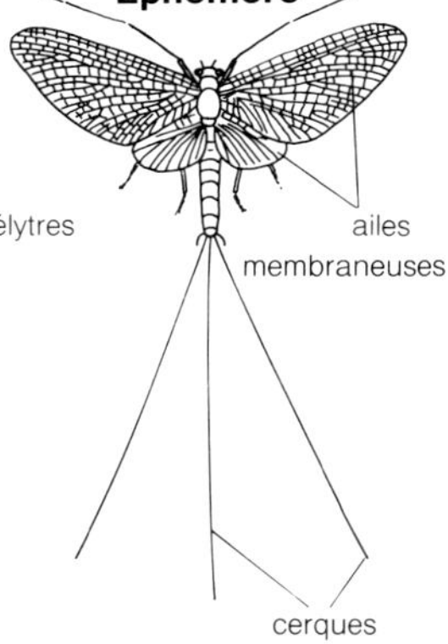

Punaise

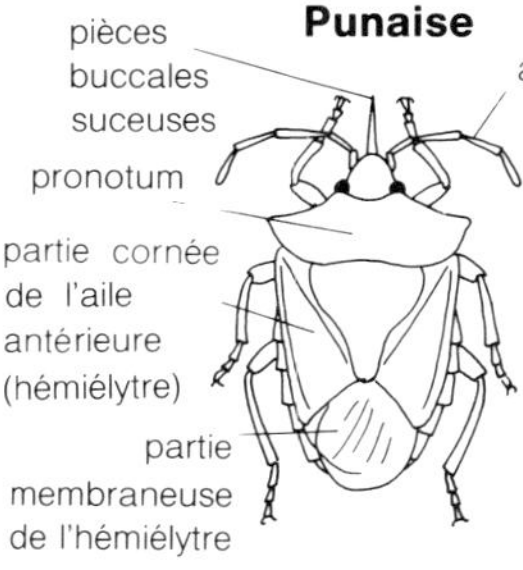

Mouche

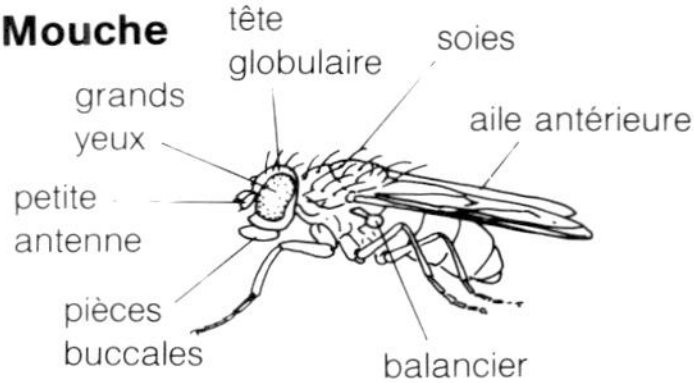

Coléoptère

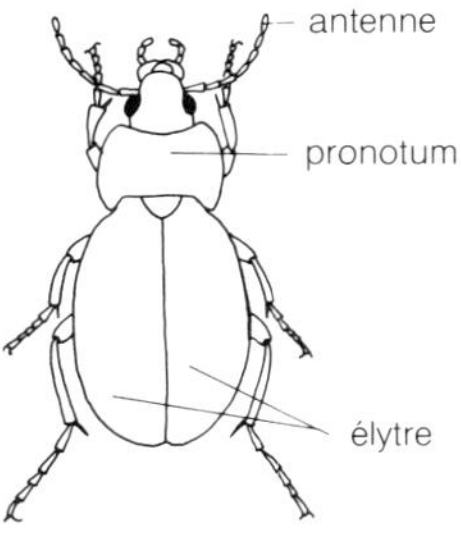

Guêpe

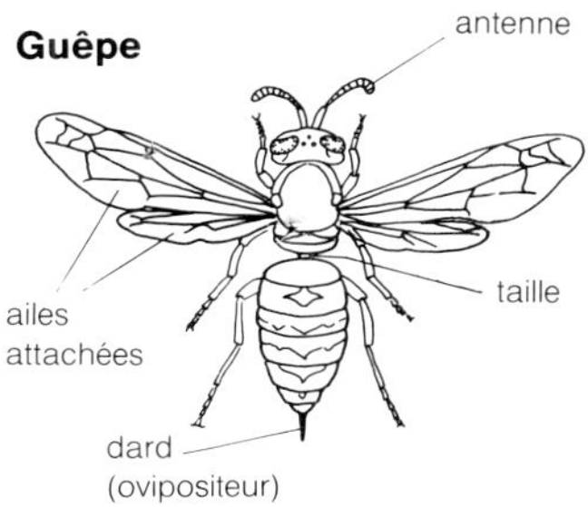

PAPILLONS DIURNES ET NOCTURNES

7-150 mm *Lépidoptères*

Ces insectes ont deux paires de grandes ailes revêtues d'écailles, souvent dotées de dessins de couleur. Écailles se détachant facilement. Antennes noueuses chez les papillons diurnes, simples ou plumeuses chez les papillons nocturnes. Longue trompe enroulée sous la tête, en général.

Volent de jour ou de nuit. Beaucoup se nourrissent de nectar, grâce à leur longue trompe qu'ils plongent profondément dans les fleurs, d'autres de sève ou de fruits en fermentation.

Chenilles ayant trois paires de pattes sur le thorax et en général cinq paires de fausses pattes abdominales agrippantes. Se nourrissent de racines, feuilles et tiges, causant parfois de vastes dégâts. De nombreux papillons de nuit se métamorphosent dans des cocons soyeux.

Au repos, leurs ailes, souvent colorées, sont verticales. Les Hespéridés mettent leurs ailes à plat ou lèvent les ailes antérieures, gardant les postérieures à plat. Les papillons de nuit, de couleur terne en général, ont les ailes à plat ou en forme de toit. **Demi-Deuil** (1) ; **Argus vert** (2) ; **Point de Hongrie** (3) ; et **Lithosie complanule** (4).

PORTE-QUEUE

Papilionidas 50-95 mm

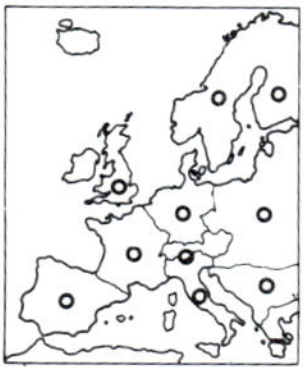

Grand papillon de couleur vive, rayé ou tacheté. Ailes postérieures légèrement concaves sur le bord interne, à nervure anale unique. Trois paires de pattes entièrement développées.

Vit dans les terrains accidentés, les collines et montagnes d'Europe. Les Machaons ont un vol plané puissant. Apollons et Dianes voltigent et battent des ailes.

Chenilles (1) généralement lisses et principalement vertes, souvent avec des tubercules. Peuvent présenter une paire de cornes odoriférantes derrière la tête. Se nourrissent de diverses plantes herbacées.

Le **Machaon** ou **Grand porte-queue** (2) se rencontre dans les prairies fleuries de toute l'Europe ; c'est une variété de plusieurs espèces similaires. Apollons, papillons blancs tachés de rouge et noir, et Dianes, à dessins en zigzag, se rencontrent le plus souvent dans les collines et montagnes. Les Dianes ne se trouvent qu'en Europe méridionale.

PIÉRIDE

40-70 mm *Pieridae*

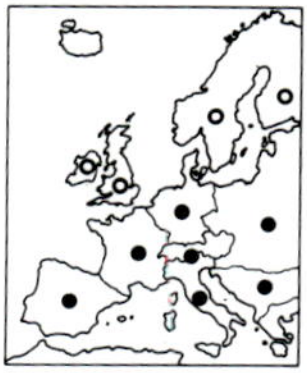

Papillon petit à moyen, blanc ou jaune, et souvent tacheté de noir. Ailes postérieures à marges internes convexes et deux nervures anales. Les six pattes sont entièrement développées.

La Piéride blanche voltige en général lentement, la jaune a un vol rapide plus puissant. Beaucoup migrent à travers la campagne et les jardins. Certaines vivent en montagne ou dans les collines accidentées.

Chenilles (1) cylindriques, lisses, vertes, souvent à bandes longitudinales. Celles de nombreuses Piérides blanches se nourrissent de crucifères ; celles de nombreuses jaunes de légumineuses. Certaines sont des nuisibles. Ne construisent pas d'abris.

La **Piéride du Chou** (2) est un nuisible familier du jardin, sur les choux. Les Aurores sont blancs avec le bout des ailes orange. Les **Citrons** (3) apparaissent au printemps et en été dans les lieux ouverts. Les Soucis migrent vers l'Europe du nord tous les ans, passant l'hiver au sud.

LYCAENIDAE

20-40 mm

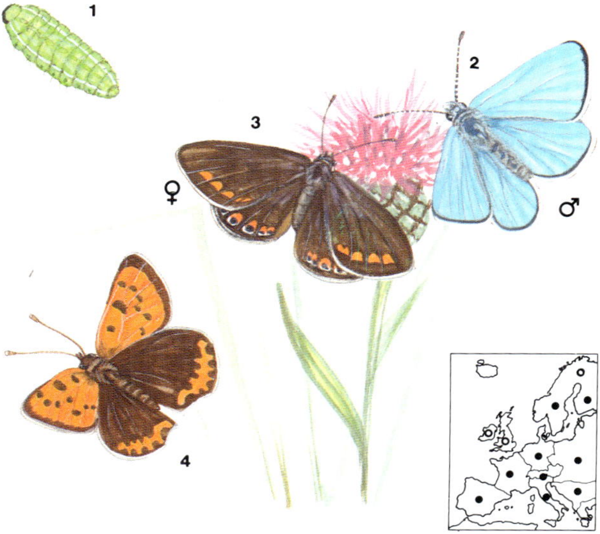

Petit papillon bleu, brun ou cuivré, mâle et femelle souvent très différents mais les deux avec les mêmes dessins tachetés sous les ailes. Les six pattes sont fonctionnelles mais absence de pinces sur les pattes avant chez le mâle.

Espèces bleues et cuivrées souvent dans les prairies, les collines herbeuses ou en montagne. Vol rapide des adultes récoltant le nectar. Thècla en général autour des arbres et des buissons.

Chenilles (1) aplaties, couvertes de soies, extrémités en pointe. Beaucoup produisent une miellée appréciée des fourmis. Celles des Argus se nourrissent sur les légumineuses, celles des espèces cuivrées sur l'oseille et la patience, celles des Thèclas sur les arbres et les buissons.

Le mâle des espèces bleues (2), comme celui de l'**Argus bleu** ou **Icare** est souvent d'un bleu métallique vif ; sa femelle (3) est brune avec quelques marques bleues. Les cuivrés sont brun orangé, comme le **Lycène bleu cuivré** (4). Les Thèclas sont généralement bruns ou verts avec des marques bleues ou orange.

NYMPHALIDAE

35-80 mm

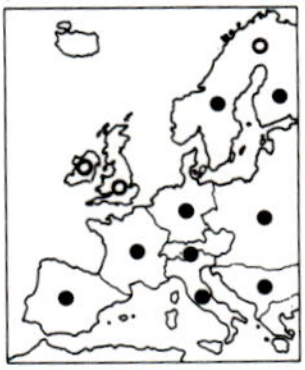

2

3

1

Papillon moyen à grand, très velu, de couleur vive à dessins complexes. Pattes avant sont réduites à des moignons en brosse, plus velues chez le mâle ; les autres pattes sont utilisées pour marcher. Antennes en massue très marquée.

Se rencontre surtout dans les jardins. Le Nacré vit souvent dans les bois. Vol puissant. Certains restent dans leurs territoires ; d'autres migrent sur de longues distances.

Chenilles (1) moyennes à grandes, piquants sur le corps ou cornes sur la tête fréquents. Vivent groupées dans des toiles ou cachées dans des feuilles roulées. Certaines se nourrissent le jour, d'autres la nuit, sur les buissons, arbres et plantes herbacées.

La plus grande des familles de papillons, avec de nombreuses espèces célèbres : Paon du jour, Vulcain, Paon de nuit, **Vanesses grande et petite tortue, Vanesse C-blanc** et Belle Dame. Parmi les plus colorés : le **Paon du jour** (2) et le **Vulcain** ou **Amiral** (3) que l'on trouve tous deux dans toute l'Europe sauf à l'extrême nord.

NYMPHALIDAE

Les autres membres de la famille comprennent la **Vanesse C-blanc** (1), aux ailes anguleuses, le bord des ailes découpées et les queues des ailes postérieures , et la Carte géographique dont les ailes ressemblent à une carte.
Les Vanesses tortues sont colorées, rouges ou brunes avec des raies ou des points plus foncés. La **Vanesse Petite-Tortue** (2) se rencontre dans toute l'Europe, la Vanesse Grande-Tortue surtout dans le sud. La Belle Dame, similaire mais plus pâle, est une célèbre espèce migratrice, revenant chaque année en Europe depuis l'Afrique et allant jusqu'en Scandinavie et Grande-Bretagne.

Les nacrés constituent un grand groupe de papillons, généralement brun orangé avec des taches noires sur les ailes et souvent des taches argentées en dessous. Beaucoup, comme le **Tabac d'Espagne** (3) et le **Petit Collier argenté** (4) vivent dans les bois où leurs chenilles se nourrissent de violettes. Adultes souvent observés autour des ronciers à la recherche de nectar. D'autres espèces se trouvent en montagne, dans les landes et prairies fleuries.

SATYRIDAE
28-70 mm

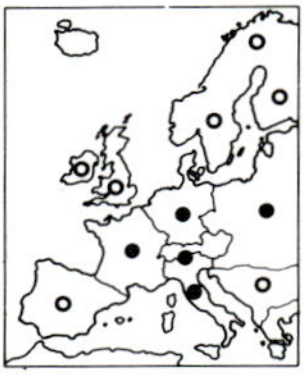

De taille moyenne, en général, avec des ailes dans les tons de brun ou de chamois, souvent avec des taches ou ocelles, parfois placées dans une bande plus pâle. Pattes avant réduites à des pinceaux velus ; les quatre autres pattes utilisées pour marcher.

Généralement dans les prairies ouvertes et les marais, les landes, la montagne ou la toundra arctique – partout où il y a des herbes. Vol paresseux, juste au-dessus de la végétation.

Chenilles (1) le plus souvent vertes ou brunes, lisses à rayures longitudinales, et « queue » fourchue. Se nourrissent la nuit d'herbes.

Grande famille. Surtout en Europe méridionale et en montagne. Elle comprend les espèces brunes comme le **Myrtil** (2), les Satyres et les *Coenonympha* comme le **Procris** (3) ; tous ont les ailes brunes et des ocelles. Les Demi-Deuils sont atypiques avec leurs grandes plages de blanc sur les ailes.

HESPÉRIDE

Hespériidae

25-35 mm

Petit papillon compact noir, brun ou brun orangé, souvent avec des taches blanches. Grand corps velu et ailes relativement courtes. Au repos certains ont les ailes avant dressées et les ailes arrière à plat, d'autres les ailes à plat. Antennes filiformes avec crochet à l'extrémité.

Aime voler au soleil. Dans les prairies, en terrain herbeux accidenté et sur les pentes herbeuses des montagnes, se cachant souvent parmi la végétation. Le mâle attaque les autres insectes.

Chenilles (1) vertes, couvertes de poils minuscules ; effilées à chaque extrémité, cou légèrement étranglé et tête marquée. Se dissimulent dans des abris de feuilles enroulées, repliées ou reliées par des fils de soie. Sortent pour se nourrir sur les herbes et autres plantes.

Échiquier, Hespéride de la mauve et Point de Hongrie se reposent les ailes à plat, la Bande noire a les ailes antérieures dressées. L'**Hespéride de la mauve** (2) est grise à points blancs. Le Point de Hongrie est plus brun avec des taches blanches. La **Bande noire** (3) est plus unie mais d'un brun orange plus vif. Les autres Hespérides suivent des variations sur ces thèmes.

NOTODONTIDAE

26-70 mm

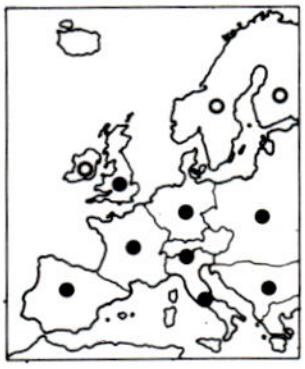

1

2

3

4

Gros papillon à corps velu. Certains ont une touffe de poils sur le bord arrière des ailes antérieures ; qui se rejoignent quand l'animal est au repos et lui donnent un air bossu. Antennes plumeuses chez de nombreux mâles, filiformes chez les femelles.

Nocturne et la plupart du temps terne, camouflé le jour. Souvent dans les bois.

Chenilles (1) se nourrissant généralement des feuilles des arbres et buissons. De formes variées mais beaucoup relèvent la tête en menace face à un prédateur. Certaines sont extraordinaires, comme la chenille de la Queue fourchue (2).

On rencontre les **Queues fourchues** (3) et d'autres *Notondidae* autour des saules et peupliers, camouflés contre l'écorce le jour. Les chenilles des **Bombyx bucéphales** (4) peuvent défolier les saules, chênes ou arbres fruitiers. Les chenilles de la Processionnaire du Pin sont un véritable fléau, se nourrissant des aiguilles du pin.

ÉCAILLE

Arcitiidae

15-70 mm

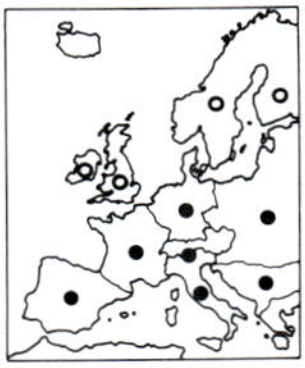

1

2

3

4

De taille petite ou moyenne à gros corps velu. Ailes larges, soit blanches ou crème, soit jaunes ou rouges avec des taches ou dessins noirs, pliées en toit au repos. Antennes des femelles filiformes, celles des mâles plumeuses.

Nocturne ou active de jour. Beaucoup sont toxiques. Leurs couleurs vives servent à dissuader les prédateurs. Beaucoup ne se nourrissent pas du tout, d'autres se nourrissent du nectar des fleurs.

Chenilles souvent vivement colorées et très velues avec des touffes de poils sur des verrues (1). Se nourrissent de plantes, y compris graminées, pissenlits et bruyères. Quelques-unes sont nuisibles sur les pêchers, poiriers et pommiers.

L'**Écaille martre** (2) se rencontre dans de nombreux habitats à travers l'Europe. Écaille tigrée et **Écaille lièvre** (3) sont aussi répandues et communes. ***Callimorpha jacobaea*** (4) se trouve sur l'herbe de St-Jacques dont se nourrissent ses chenilles colorées. Les *Lithosia* sont plus ternes et plus sveltes ; leurs chenilles se nourrissent de lichens.

NOCTUELLE

15-100 mm

Noctuidae

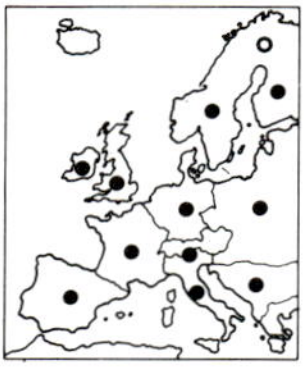

1

2

3

Papillon petit à moyen, gros corps lourd, souvent velu. En général, gris terne, brun ou jaune avec des dessins complexes sur les ailes ; les ailes postérieures de certains sont colorées. Au repos, les ailes paraissent triangulaires, repliées à plat ou en toit. Antennes généralement filiformes.

En général, nocturne ; souvent camouflé le jour pour se fondre avec son support. Beaucoup sont attirés par la lumière la nuit. Se nourrit souvent de nectar et de sève grâce à sa trompe bien développée.

Chenilles (1) ternes et glabres, en général rayées ou tachetées ; se nourrissent de feuilles de plantes et d'arbres. Certaines percent un trou dans les tiges et feuilles, d'autres (Noctuelles des moissons) se cachent le jour dans le sol ou la litière végétale, attaquant les plantes la nuit.

Grande famille de papillons nocturnes. Certains comme la Lichenée fiancée ou la **Fiancée** (2) ont des ailes postérieures vivement colorées qui flamboient quand ils décollent, déroutant ainsi les prédateurs. La **Méticuleuse** (3), qu'on trouve dans de nombreux habitats, ressemble au repos à une feuille morte.

NOCTUELLES

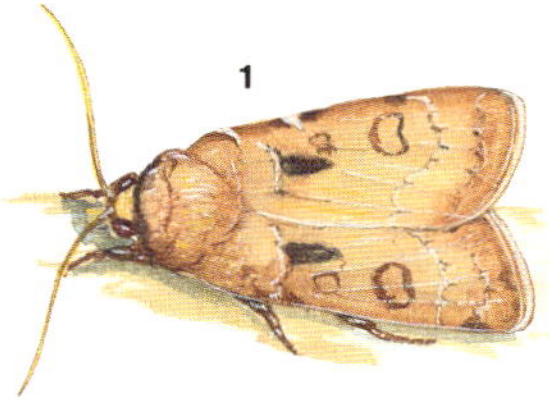

1

3

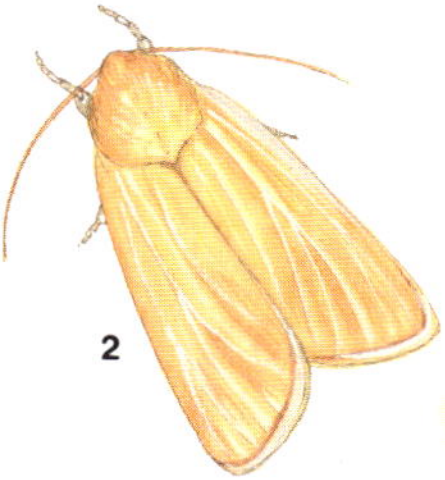

2

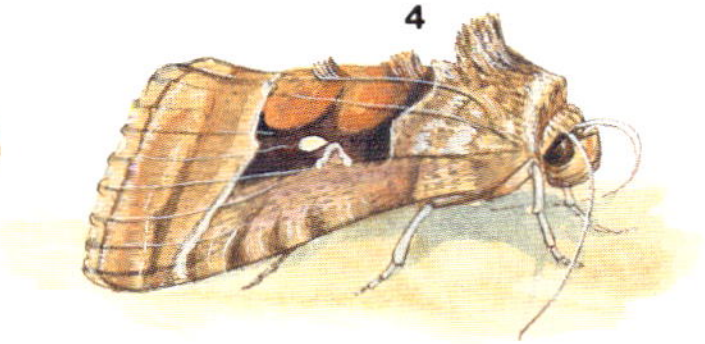

4

Il existe de nombreux papillons dans cette famille. Les chenilles de beaucoup d'espèces se nourrissent de racines et de tiges de nombreuses plantes herbacées ; quelques-unes provoquent des dégâts dans les cultures et les jardins, comme la **Noctuelle point d'exclamation** (1). Les *Mythimna* sont d'un brun uni et leurs chenilles se nourrissent de joncs, carex et graminées. La **Noctuelle pâle** (2) est commune dans les prairies humides. D'autres espèces ont des chenilles se nourrissant sur les arbres et buissons, comme l'***Acronicta megacephala*** (3) qui vole dans les bois, les haies, parcs et jardins. Les Gammas ont une tache claire qui ressemble à la lettre grecque (Y) sur les ailes et des touffes de poils sur le dos. Le **Gamma** (4) vit presque partout. Ses chenilles se nourrissent d'orties et autres mauvaises herbes. Certaines espèces sont verdâtres avec des lignes argentées sur les ailes. D'autres sont brun orangé ou jaune d'or, d'autres enfin présentent de riches motifs.

PHALÈNE

15-65 mm

Geometridae

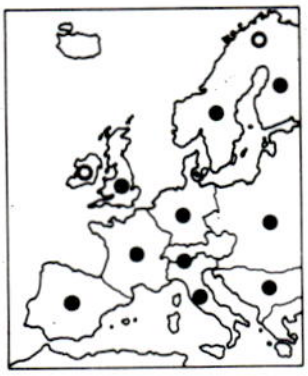

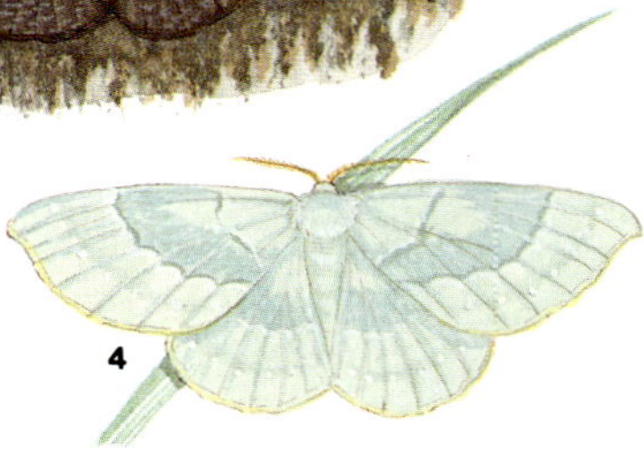

Papillon nocturne petit ou moyen à corps svelte et larges ailes délicates, à plat au repos. Ailes postérieures et antérieures similaires, souvent avec des motifs se prolongeant de l'une à l'autre. Antennes plumeuses chez les mâles, filiformes chez les femelles.

Beaucoup sont nocturnes, grises ou brunes avec des motifs énigmatiques sur les ailes qui leur permettent de se camoufler pendant le jour lorsqu'elles sont posées sur l'écorce d'un arbre ou un rocher couvert de lichen.

Chenilles (1) dites arpenteuses à cause de leur façon de se déplacer, s'étirant, puis approchant la partie arrière près de la tête... N'ont que deux paires de fausses pattes. Se nourrissent de nombreuses plantes et peuvent pendre des arbres au bout d'un fil de soie.

Grande famille. Les **Géomètres du bouleau** ou Phalènes poivrées ont deux formes : une forme rurale mouchetée (2) et une forme citadine noire, qui se camoufle sur les arbres encrassés (3). Il existe de nombreuses espèces de Géomètres en Europe ; le **Géomètre** (4) vit dans les bois, les haies et les marais.

PHALÈNES

Certaines espèces sont de petits papillons dont les ailes ont des motifs de camouflage. ***Epirrhoe alternata*** (1) se rencontre dans les haies et les bois où les chenilles se nourrissent de gaillets. D'autres espèces plus grandes ont aussi des ailes à motifs complexes dans les bruns et les gris se fondant avec l'écorce de nombreux arbres et buissons. Leurs chenilles se nourrissent de feuilles. Les larves des **Operophtera brumata** (2) se nourrissant des jeunes pousses et des fleurs des pommiers, les femelles sont presque aptères.

Eulithis mellinata (3) est un autre nuisible du jardin, la chenille se nourrissant sur groseilliers et cassissiers. Certaines espèces de la famille sont plus spectaculaires. La **Phalène mouchetée** ou Zérène du Groseillier (4) et sa chenille sont toutes deux tachetées de rouge et noir sur fond blanc. On les trouve dans les haies, terrains vagues et jardins où les chenilles se nourrissent sur aubépines et groseilliers. Certaines espèces ont des ailes qui, au repos, ressemblent à des épines. Les chenilles de l'**Ennomos du lilas** (5) se nourrissent de lilas, chèvrefeuille et troène.

SPHINX

35-140 mm

Sphingidae

Papillon nocturne moyen à grand, à corps lourd, longues ailes antérieures étroites, puissantes, de forme caractéristique et petites ailes postérieures. Grands yeux. Antennes épaissies, fusiformes, à extrémité recourbée pointant vers le haut.

Vol rapide et puissant lui permettant de migrer sur de longues distances. La plupart volent la nuit et sont attirés par la lumière. Ils aspirent le nectar avec leur longue trompe.

Grosses chenilles (1) glabres, souvent verruqueuses, avec une grande corne à l'arrière de l'abdomen. Se nourrissent d'une grande variété de plantes et d'arbres. Certaines sont nuisibles.

Le **Sphinx de la vigne** (2) se rencontrent près des épilobes à épi et parfois près des fuchsias de jardin. Le **Sphinx du caille-lait** (ou Oiseau-Mouche) (3) vole le jour. Chaque année il migre vers le nord. D'autres espèces comprennent le Sphinx tête de mort et le Sphinx du troène. Les Sphinx du pin sont nuisibles en forêt.

AUTRES PAPILLONS DE NUIT

1

3

♂

2

4

Paons de nuit
Grands Papillons à gros corps velu, antennes plumeuses et ailes énormes souvent de couleurs vives avec ocelles. 40-160 mm. Trompe réduite. Les adultes ne se nourrissent pas. Grandes chenilles (1) charnues, avec des touffes de poils souvent sur des verrues dressées. Se métamorphosent dans des cocons de soie comme les vers à soie. On rencontre seulement quelques membres de cette famille mais le Grand Paon de nuit est le plus grand papillon nocturne d'Europe. Le **Petit Paon de nuit** (2), similaire mais plus petit se rencontre dans les landes.

Feuilles mortes, bombyx
Papillons velus, moyens à grands, à grandes ailes se chevauchant au repos. Envergure 25-85 mm. Antennes plumeuses. Les adultes ne se nourrissent pas. Chenilles très velues, à poils urticants. Les chenilles des **Livrées** (3) vivent en colonies dans des enveloppes soyeuses sur les aubépines, pommiers et autres arbres ; elles peuvent être nuisibles. Le **Bombyx du chêne** se rencontre dans les forêts et les landes ; ses chenilles se nourrissent sur les ronces, aubépines et bruyères. La Feuille morte du chêne ressemble à une feuille sèche brune quand elle est au repos.

AUTRES PAPILLONS DE NUIT

Lymantridés
Papillons de taille moyenne à poils urticants barbelés. 25-65 mm. Trompe réduite ou absente. Les adultes ne se nourrissent pas. Antennes plumeuses. Chenilles velues et urticantes, jolies et très colorées, avec des touffes de poils sur le dos. Beaucoup se nourrissent sur buissons et arbres ; certaines sont très nuisibles. Les **Bombyx étoilés** (1) se rencontrent dans les bois, parcs et jardins ; les femelles (2) aptères ne sortent du cocon que pour pondre leurs œufs dessus. Les **Orgyies pudibondes** (3) volent dans les bois et champs de houblon ; ses chenilles peuvent être nuisibles. Les Bombyx disparates plus grands menacent sérieusement les forêts et vergers d'Europe.

Faucilles
Papillons petits à moyens, à corps étroit, ailes légères et avec extrémités des ailes antérieures crochues. 20-40 mm. Chenilles n'ayant que 4 paires de fausses pattes (absence d'organes pour s'agripper) et effilées aux deux extrémités ; au repos les deux extrémités du corps sont dressées. La **Faucille** (4) se rencontre dans les landes et les bois.

AUTRES PAPILLONS DE NUIT

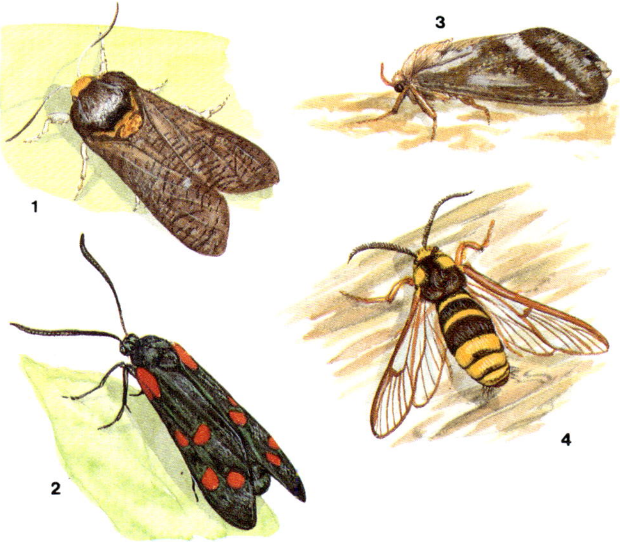

Cossidés
Grands Papillons (25-85 mm). Le **Cossus gâte-bois** (1) se rencontre dans les bois, jardins et vergers. Ses chenilles sont grandes et charnues, avec une odeur acide, creusent des galeries dans l'arbre nourricier.

Zygènes
Papillons volant le jour, à ailes de couleurs métalliques vives. 24-40 mm. Antennes en massue. Chenilles grosses et courtes à taches foncées et touffes de poils sur de petites verrues. La **Zygène de la Spirée** (2) se rencontre dans les prairies, les dunes et en lisière de bois.

Hépiales
Papillons de taille moyenne (24-62 mm) à antennes très courtes. Vol rapide au crépuscule. Femelles plus grandes et plus pâles que les mâles. Chenilles vivant dans la terre. L'**Hépiale du houblon** (3) se rencontre dans les prairies ouvertes et en terrain cultivé ; souvent attirée par les fenêtres éclairées.

Sésidés
Papillons volant le jour, souvent observés sur les fleurs. Grandes surfaces transparentes sur les ailes. Imitant souvent les guêpes. 24-45 mm. Chenilles creusant des galeries dans les arbres. La **Sésie apiforme** (4) vole dans les bois et autour des haies.

MINI PAPILLONS

Pyrales
Grand groupe de papillons petits ou moyens (10-40 mm), souvent avec de grandes palpes s'avançant ou se dressant, comme un museau. Ailes antérieures triangulaires, postérieures larges. Beaucoup sont nuisibles. La **Teigne de la farine** (1) infeste les grains stockés, avec ses chenilles qui vivent dans des feuilles entremêlées de fil de soie (2). La **Pyrale de l'ortie** (3) vit dans les terrains vagues et les haies, chenilles se nourrissant dans les feuilles roulées des orties, menthes et lamier blanc. Les chenilles des Nymphulinés vivent dans l'eau.

Tordeuses
Grande famille de petits papillons aux ailes avant en trapèze, larges à la base avec des bords transversaux droits. 10-25 mm. Beaucoup volent le jour. La plupart sont marbrées brun ou gris, souvent camouflées pour ressembler à des fientes d'oiseau ou des feuilles mortes. Chenilles souvent nuisibles, infestant rosiers, pins, érables et autres arbres. Beaucoup vivent dans des feuilles enroulées comme celles de la **Tordeuse verte** (4) que l'on trouve sur les chênes. Les chenilles de la **Tordeuse des Pommes** (5) creusent des galeries dans les pommes. Les chenilles de *Cydia nigricana* dévorent les pois dans leurs gousses.

MINI PAPILLONS DE NUIT

1

2

3

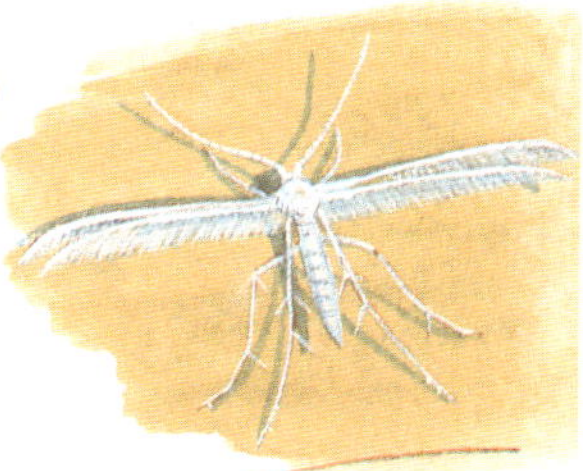

4

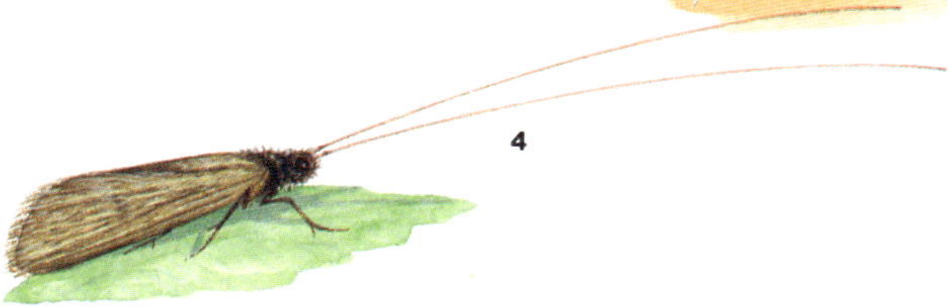

Mites
Petits papillons (10-30 mm) bruns ou de couleur claire avec une touffe de poils sur la tête. Les larves des espèces nuisibles comme la **Mite des vêtements** (1) dévorent les fibres textiles. Dans la nature, beaucoup se nourrissent de plantes et de restes d'animaux.

Yponomeutes (2)
Papillons petits à moyens (10-45 mm) à ailes antérieures blanches pointillées de noir et ailes postérieures plus foncées. Chenilles se nourrissant dans des sacs de soie parmi les feuilles des arbres et buissons, dans les bois et haies ; elles peuvent défolier les plantes.

Ptérophoridae
Papillons sveltes à ailes étroites enroulées ou tenues à angle droit avec le corps au repos ; chacune d'elles divisée en quelques lanières plumeuses. 20-30 mm. Chenilles vivent dans des feuilles enroulées ou dans les tiges. ***Pterophorus pentadactyla*** (3) vole dans les bocages et terrains vagues.

Incurvaridés
Papillons de couleurs métalliques volant pour la plupart le jour, mâles avec de très longues antennes. 12-22 mm. Certaines espèces se rassemblent en essaims. Chenilles minant les feuilles quand elles sont petites et formant des étuis de feuilles en grandissant.

ABEILLES, GUÊPES ET FOURMIS

jusqu'à 30 mm *Hyménoptères*

Insectes minuscules à grands, souvent allongés, avec deux paires d'ailes membraneuses, les antérieures entraînant les postérieures grâce à une rangée de crochets fixés sur le bord antérieur des ailes postérieures s'engageant à l'arrière des ailes postérieures.

Souvent solitaires mais quelques-unes vivent en colonies. Beaucoup sont des pollinisateurs essentiels. Les espèces parasites régulent le nombre d'insectes dans le monde entier.

Larves : parasitant d'autres insectes, formant des galles. Plusieurs types : celles des mouches à scie ressemblent à des chenilles ; souvent nuisibles, les autres sont blanches, comme des asticots sans pattes et rarement visibles.

Grand groupe d'insectes très divers. À l'exception des mouches à scie, toutes les espèces ont une taille bien nette entre thorax et abdomen, comme le **Sirex géant**, en fait une mouche à scie (1) : une **Mutille européenne**, en fait une guêpe (2) ; une abeille ***Anthophora pilipes*** (3) et une **Abeille charpentière** ou **Xylocope violet** (4).

SYMPHYTE

5-40 mm

1

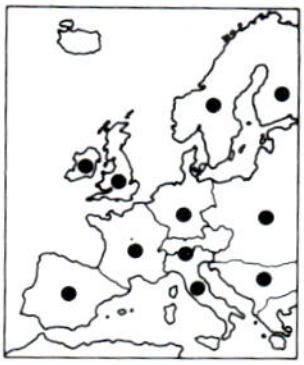

2

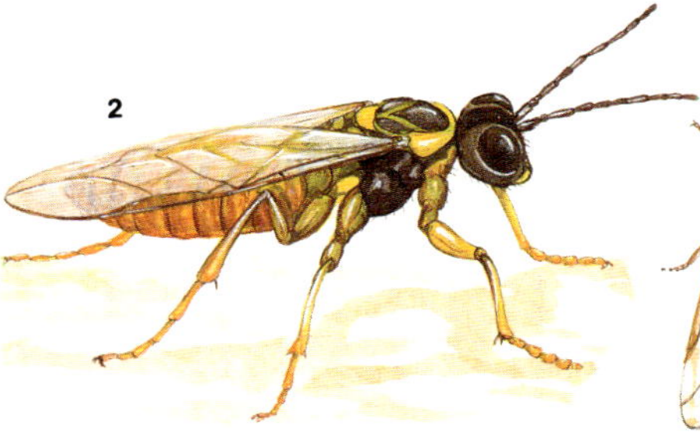

3 ♀

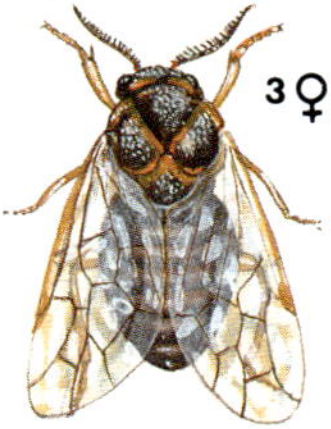

Insecte noir ou brun, comme des guêpes, certains avec des marques rouges ou jaunes, mais n'ont pas de taille entre l'abdomen et le thorax. Les femelles ont un ovipositeur comme une scie. Antennes longues et filiformes.

Se rencontre autour des plantes servant de nourriture aux larves ou visitant les fleurs à la recherche de nectar – surtout sur les ombellifères.

Larves (1) ressemblant à des chenilles. Pouvant causer de gros dégâts, surtout en groupes car elles réduisent les feuilles à des squelettes. Certaines enroulent les feuilles, d'autres les minent ; certaines provoquent des galles, d'autres attaquent fleurs et fruits.

Nombreuses familles. Beaucoup attaquent les plantes du jardin. Larves (1) de ***Nematus ribesii*** (2) dévorent feuilles de groseilliers à maquereau. D'autres attaquent arbres, aubépine, saules... Larves de ***Diprion pini*** (3) se nourrissent de jeunes pousses. Le **Sirex géant** est une très grande espèce ; ses larves se développent dans les bois de pin.

CYNIPS

moins de 5 mm

Cynipadae

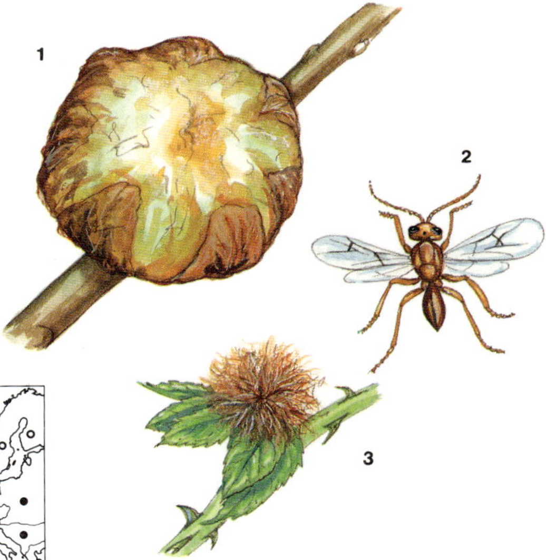

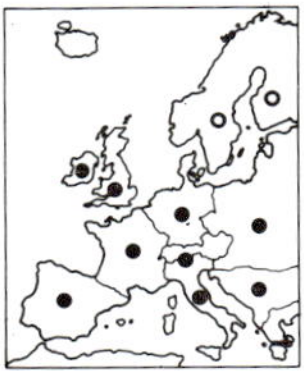

Très petite guêpe bossue, généralement noire, brune ou jaunâtre. Elle a un abdomen raccourci, luisant, aplati latéralement. Antennes longues et non coudées.

Adulte volant au printemps et en été. Plus difficile à voir que les galles qu'elle produit sur les chênes mais aussi les rosiers, les marguerites et quelques autres familles.

Les œufs pondus sur les plantes provoquent une boursouflure ou galle dans laquelle se développent larves et nymphes, une ou plusieurs. Certaines espèces pondent sur des galles existantes, leurs larves détruisant leurs hôtes en se développant.

Grande famille, la plupart des espèces provoquant des galles sur les chênes ; galles variant du grain de groseille sur les feuilles à la bille sphérique et à la **Noix de galle** (1) ; cette dernière est formée par ***Biorhiza pallida*** (2). Les **bédéguars** (2) sont des galles formées sur les églantiers qui abritent les larves du Cynips du rosier qui les provoquent.

CHALCIDIEN

généralement moins de 5 mm

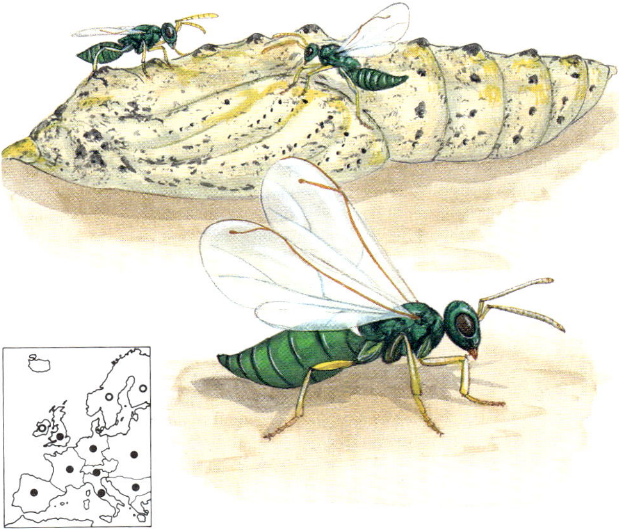

Très petite guêpe parasite aux antennes coudées courtes. La nervation des ailes est réduite à une seule nervure à l'avant de l'aile antérieure. Noires, bleu foncé ou vertes, beaucoup ont des reflets métalliques.

Avec les mouches parasites, elle constitue le plus important agent régulateur des populations d'insectes du continent. Se rencontre partout où ses hôtes sont présents.

Larves pour la plupart parasites des autres insectes. Femelles pondant dans les œufs ou larves d'une grande variété d'insectes, y compris mouches, coléoptères, abeilles et papillons nocturnes ; la larve parasite se développe dans son hôte, le tuant.

Très grande super-famille de guêpes principalement parasites. Larves de **Ptéromale des chrysalides** se développent dans les nymphes de piérides. Larves des Myrmaridés, les plus petits insectes, se développent dans les œufs d'autres insectes. Trichogrammatidés utilisés pour contrôler les nuisibles des serres.

SPHÉCIDAE

jusqu'à 30 mm

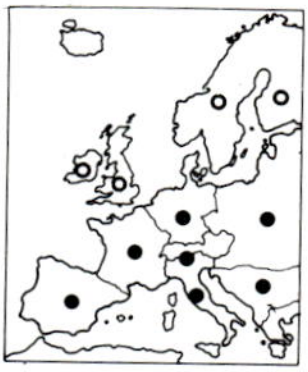

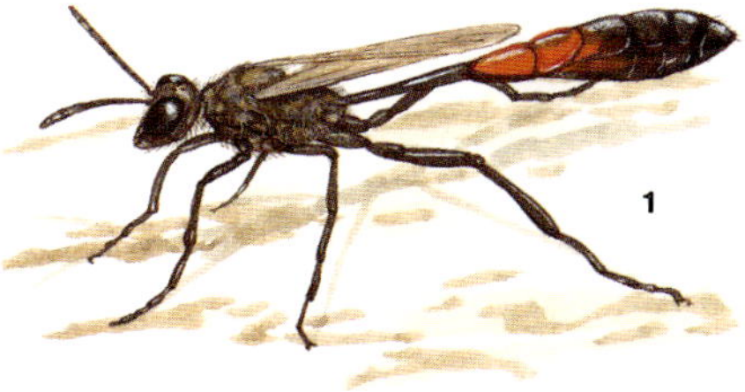

1

♂

2

3

Assez grande, guêpe avec une taille svelte entre thorax et abdomen, généralement noire ou brune avec des marques variées. Au repos, ailes repliées à plat sur le corps. « Collier » caractéristique à l'arrière de la tête.

Pouvant être observée sur les fleurs quand elle se nourrit de nectar et attrape de petits insectes. On peut aussi la trouver creusant des galeries ou chassant des proies pour les larves.

La femelle de la plupart des espèces creuse une galerie dans le sol, puis part chasser en solitaire. Elle tue et paralyse sa proie qu'elle abandonne dans le terrier pour nourrir les larves. Proies comprenant chenilles, criquets, mouches et araignées.

Grande famille. Beaucoup vivent sur des terrains sablonneux faciles à creuser. Là, on peut observer l'**Ammophile des sables** (1) qui traîne des chenilles et le ***Crabro cribarius*** (2) qui apporte des mouches dans les galeries. ***Pemphredon lugubris*** (3), petite guêpe noire nichant dans des poteaux, est visible dans les jardins de campagne.

GUÊPE

Vespidae 10-35 mm

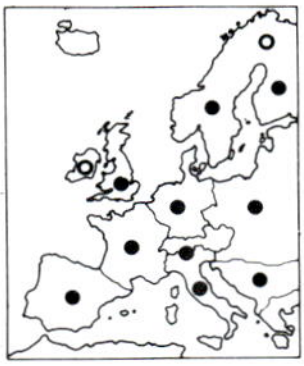

Guêpe noire et jaune à la taille marquée. Au repos, replie les ailes dans le sens de la longueur. Capable d'infliger une piqûre douloureuse pouvant être répétée plusieurs fois.

Les ouvrières cherchent la nourriture parmi les fleurs et les détritus. Dans les maisons, les guêpes sont attirées par le sucre et la viande. Dans la nature, elles détruisent beaucoup d'insectes.

Sociales. Les reines commencent les nids au printemps, aidées des ouvrières femelles ; mâles et jeunes reines éclosent en été. Nids dans les arbres, dans un trou dans le sol, dans les greniers... Sont faits d'un papier formé de particules de bois mâchées.

Les **Guêpes communes** (1) se rencontrent partout. Les **Frelons** (2), plus gros et rares, construisent en général leurs nids dans les arbres creux. Le nid des polistes est souvent accroché aux gouttières des bâtiments. ***Vespula austriaca*** pond dans les nids des autres guêpes sociales. Les Eumènes sont apparentées aux guêpes sociales mais vivent solitaires.

AUTRES GUÊPES

Pompiles
Guêpes noires à longues pattes, 5-25 mm de long, souvent avec des taches rouges sur l'abdomen et des ailes foncées, à plat sur le dos au repos. Piqûre douloureuse. On peut les observer sur les fleurs ou chassant les araignées au sol, souvent dans les landes ou dunes de sable ; agitent les ailes en courant. Elles piquent les araignées et les paralysent pour les traîner dans le terrier ; elles pondent un œuf sur l'araignée dont la larve se nourrit. Le **Pompile commun** (1) est l'une des grandes espèces.

Guêpes-coucous
Guêpes brillantes, bleu, vert ou rouge métalliques, à corps dur, jusqu'à 12 mm de long. Ne piquent pas mais s'enroulent sur elles-mêmes en cas de danger. Vivent le plus souvent dans les lieux sablonneux, autour des murs et clôtures. Parasites ayant le style de vie des coucous : pondent dans les terriers des autres guêpes. Les larves se nourrissent de celles de leurs hôtes, ainsi que des proies emmagasinées. La **Chrysis flamboyante** (2) attaque principalement les abeilles maçonnes.

ICHNEUMON

Ichneumonidae

5-35 mm

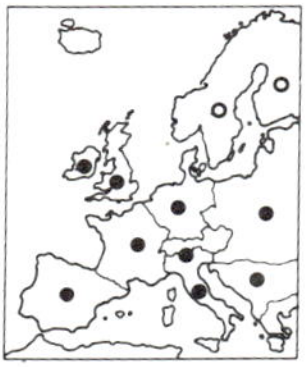

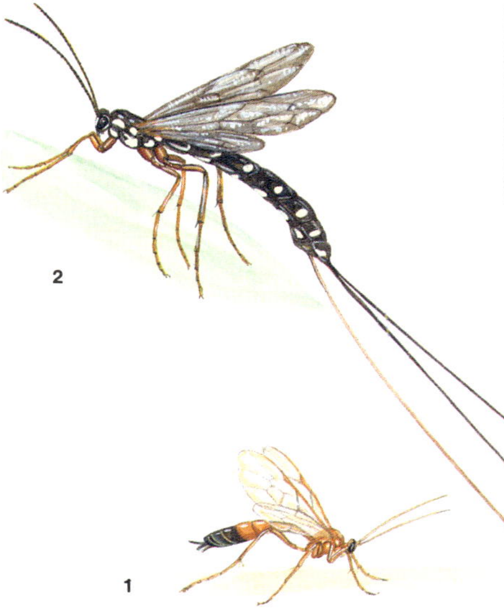

2

1

Insecte svelte, comme une guêpe, à très long abdomen. La femelle a souvent un long ovipositeur. Antennes noires parfois tachetées de blanc ou de jaune et vibrant constamment : souvent aussi longues que le corps.

Presque tous parasites. Important pour le contrôle des populations d'insectes. Commun dans la végétation dense, haies par exemple, cherchant des insectes parmi les plantes.

Larves parasites, dévorant les larves et pupes d'autres insectes, comme les araignées, les chenilles mais aussi les larves de Mouches à scie. Coléoptères xylophages ou minant les feuilles, entre autres. La femelle peut détecter l'hôte dans une feuille ou du bois.

Très grande famille. Beaucoup pondent dans chenilles de Papillons de nuit, comme le ***Netelia testaceus*** (1) qui vit la nuit et est attiré par la lumière. **Grand Ichneumon** (2) : un des plus grands ; vit dans les bois de pins. Sa femelle pond sur les larves du Sirex géant, enfouie dans l'écorce des pins.

ABEILLE DES SABLES
5-15 mm

1

2

♀ 3

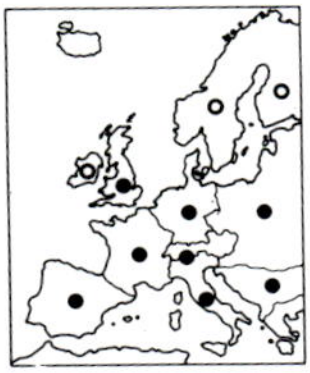

De petite taille, en général avec un abdomen noir ou brun, une tête et un thorax très velus. Chaque patte arrière présente une brosse à pollen. Langue courte ne leur permettant de visiter que les fleurs ouvertes ou à tube peu profond pour atteindre nectar et pollen.

Parmi les premières abeilles à sortir après l'hiver. Pollinisatrice de nombreuses plantes, surtout des fleurs printanières comme celles des saules et des arbres fruitiers, plus tard des mûres mais aussi des marguerites.

Pour la plupart solitaires. Au printemps, la femelle creuse une galerie conduisant à des chambres d'incubation ; sur les sols sablonneux, les chemins fréquentés ou dans les landes. L'entrée est minuscule, surmontée d'une petite pile de terre. Les larves sortent au printemps suivant.

Halictus xanthopus (1) est l'une des plus grandes parmi de nombreuses espèces similaires mais n'a que 12 mm de long ; les autres sont plus petites et plus ternes. ***Andrena albicans*** (2) est l'une des premières à apparaître autour des saules et des pissenlits. ***Andrena fulva*** (3) niche dans les pelouses, formant de petits monticules de terre.

ABEILLE TAPISSIÈRE ET MAÇONNE

Mégachilidae

5-15 mm

1

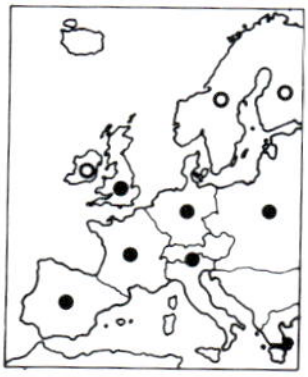

2

Abeille petite à moyenne, foncée, à gros corps velu. Transporte le pollen sous l'abdomen velu qui paraît donc souvent jaune. Longue langue et pièces buccales broyeuses acérées.

On peut voir ces importants pollinisateurs sur une grande variété de fleurs. Les abeilles aux grandes mandibules découpent les feuilles ou les pétales de nombreuses plantes, y compris rosiers et saules.

Solitaires. Nid simple composé de plusieurs cellules, dans les trous du bois ou le sol ; chaque cellule contient un œuf, du pollen et du nectar. Femelles meurent après la ponte. Larves et nymphes évoluent en mâles et femelles, sortant l'année suivante.

Abeilles coupeuses de feuilles (1) tapissent et scellent les cellules de leurs nids avec des morceaux de feuilles. **Osmies rousses** (2) utilisent de la terre pour leurs nids. Certaines abeilles de cette famille utilisent les nids abandonnés d'autres abeilles solitaires.

BOURDON

15-28 mm

Bombinae

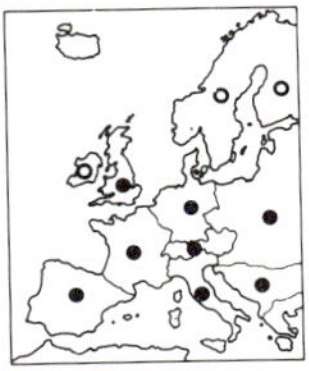

Grande abeille robuste et velue, généralement noire avec des taches jaunes et parfois rouges. Pollen recueilli dans des « sacs » sur les larges pattes arrière et rapporté au nid. Longue langue qui peut plonger dans les profonds tubes des fleurs. Pique quand on le provoque.

On peut le voir sur les fleurs, récoltant le pollen. Important pollinisateur de nombreuses plantes, comme le trèfle, que les autres insectes ne peuvent polliniser.

Insecte social. Seules les reines fécondées passent l'hiver, et fondent des colonies éphémères au printemps, souvent dans le sol. La colonie comporte d'abord la reine et des femelles ouvrières qui font un nid de cellules contenant des larves ; mâles et jeunes reines apparaissent en été.

Espèces communes comprenant le **Bourdon terrestre** (1) et le **Bourdon lapidaire** (3) ; tous deux fréquents dans les jardins. Les Bourdons parasites ou Psithyres sont très similaires mais n'ont pas de sacs à pollen sur les pattes, leurs reines parasitent les nids des autres Bourdons, tuant les reines et y déposant leurs œufs.

ABEILLE DOMESTIQUE

Apidea 12 mm (ouvrières) ; jusqu'à 18 mm (reine)

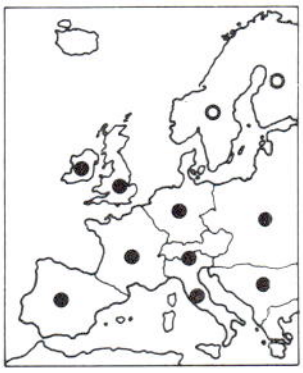

Abeille velue, brune à tête et thorax noirs, bandes orange terne sur l'abdomen et « queue » noire. Sac à pollen sur chaque patte postérieure. Dard barbelé, elle ne peut piquer qu'une fois et meurt.

Ouvrières (illustrées) pollinisent de nombreux arbres, plantes et cultures. Beaucoup à l'état sauvage, les autres dans des roches faites par l'homme. Produisent miel et cire.

Sociale. Colonie composée de la reine et d'environ 50 000 ouvrières stériles, larves et nymphes – et mâles à certains moments de l'année. L'essaimage se produit quand la vieille reine quitte la ruche avec des ouvrières. Une jeune reine reconstruira l'ancienne colonie après accouplement.

Abeilles domestiques appartiennent toutes à une seule espèce bien qu'il y ait plusieurs variétés. ***Anthophora pilipes*** est plus grande, avec un thorax velu noir ou brun et un abdomen rayé ; vole plus vite qu'un Bourdon et peut voler sur place. Les **Bourdons** sont plus grands avec des taches colorées caractéristiques.

FOURMI

jusqu'à 10 mm *Formicidae*

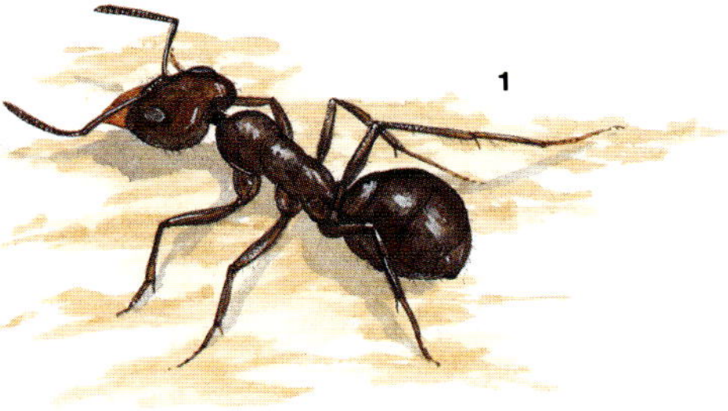

1

2

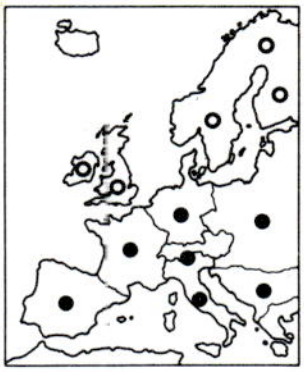

En général petite, rouge, brune ou noire avec les premiers segments de l'abdomen rétrécis. Antennes coudées. Mâles et femelles fertiles sont des formes ailées ; les ouvrières sont aptères. Mord lorsqu'on la dérange. Certaines projettent de l'acide par leur extrémité postérieure.

Souvent nécrophage, parfois importune dans les maisons et lieux de pique-nique où elle est attirée par la nourriture sucrée. Certaines défendent et élèvent des pucerons pour leur miellée.

Sociales. Nid dans le sol, surmonté d'amas de petites branches d'aiguilles de pin, ou de terre. Se compose de la reine et des ouvrières ; certaines espèces ont aussi des soldats. À certaines périodes de l'année les mâles ailés et les femelles ailées plus grandes essaiment.

La **Fourmi brune** (1), commune dans la nature, ne pique pas. La **Fourmi rouge** (2) niche sous les troncs d'arbres ou les murs ; agressive, piqûre douloureuse. Les Fourmis rousses, grandes et brunes, piquent et produisent de l'acide lorsqu'elles sont en danger. De grands monticules en branchages ou aiguilles de pins surmontent les nids.

MOUCHES ET MOUSTIQUES

Diptères

jusqu'à 32 mm

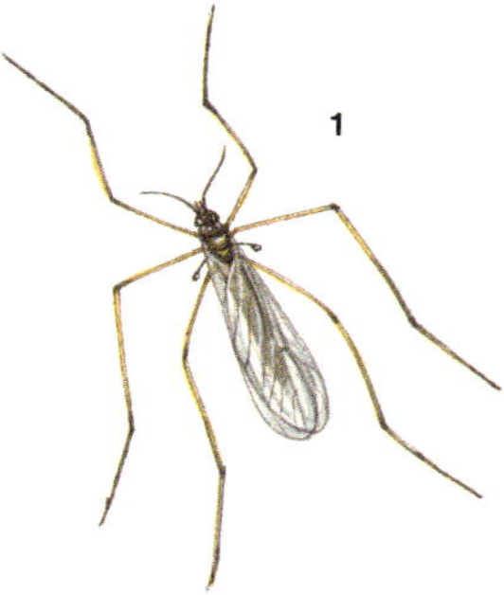

1

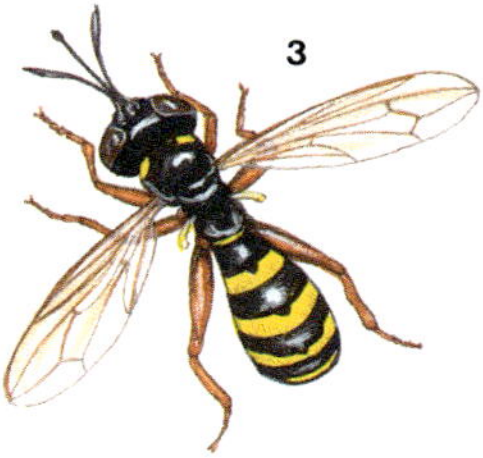

3

2

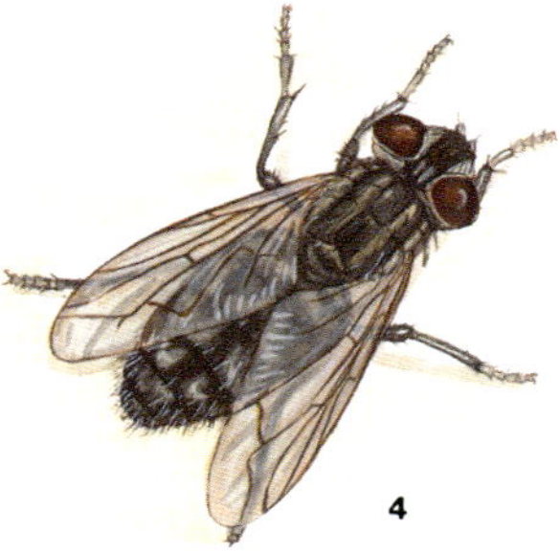

4

Insectes à corps mou ou coriacé, souvent couvert de poils. Tête globulaire à grands yeux. Thorax ovale et bossu. Une paire d'ailes, les antérieures, membraneuses. Ailes postérieures modifiées en balanciers.

Adultes dans de nombreux habitats, souvent sur les fleurs en quête de nectar ; près des lieux de ponte, (fumier ou charogne) ; ou près des larves-hôtes s'il s'agit de parasites.

Les larves sont des vers mous, sans pattes, la plupart n'ont pas de tête bien définie. Différents styles de vie. Peuvent vivre dans les mares, les ruisseaux ou le sol ; provoquer des galles sur les plantes ; parasiter d'autres animaux ; ou vivre dans le fumier ou la charogne.

On distingue trois groupes : les mouches primitives (ex. Tipules) à longues antennes ; celles à courtes antennes mais segmentées (ex. Taons) ; celles dont les antennes ne sont que des poils (ex. Muscidés). ***Trichocera relegationis*** (1), la **Mouche de la carotte** (2), ***Conops quadrifasciata*** (3) et la **Mouche grise à viande** (4).

MOUSTIQUE

5-10 mm — *Culicidae*

3

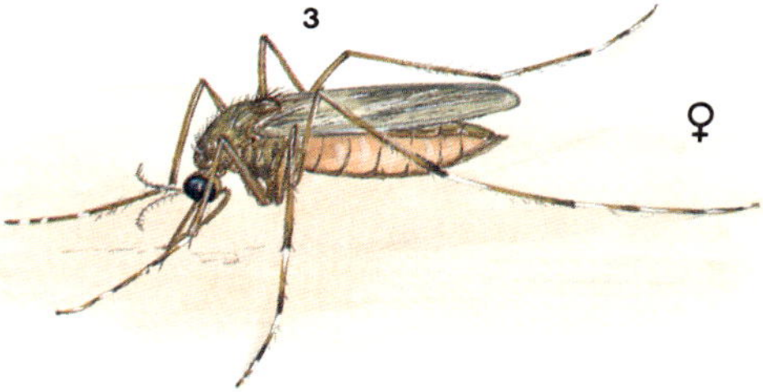

1 2

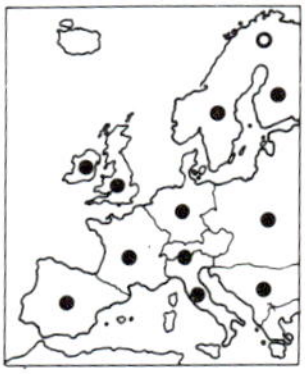

Mouche svelte à longues pattes et longue trompe avec laquelle les femelles sucent le sang des hommes, des mammifères ou des oiseaux. Mâles se nourrissant de nectar. Longues antennes plumeuses chez les mâles, comme un poil chez les femelles. Pattes arrière levées à l'atterrissage.

Dans les lieux humides, bois, jardins, etc. La plupart actifs au crépuscule et à l'aube. Les femelles doivent boire du sang avant de pondre. Oiseaux et libellules dévorent les moustiques.

Larves (1) dans presque toutes les mares et flaques d'eau, les fossés, ruisseaux, etc. Les nymphes (2) viennent à la surface de l'eau pour respirer. Se nourrissent de plancton.

Certaines espèces d'*Anopheles* transmettent des maladies comme la malaria. ***Culiseta annulata*** (3), grand moustique que l'on trouve souvent dans les maisons, pique les hommes, provoquant une inflammation. Les Cousins préfèrent piquer les oiseaux. Les Chaobores (à antennes plumeuses) n'ont pas de trompe et ne piquent pas.

CHIRONOME

Chironomidae

jusqu'à 12 mm

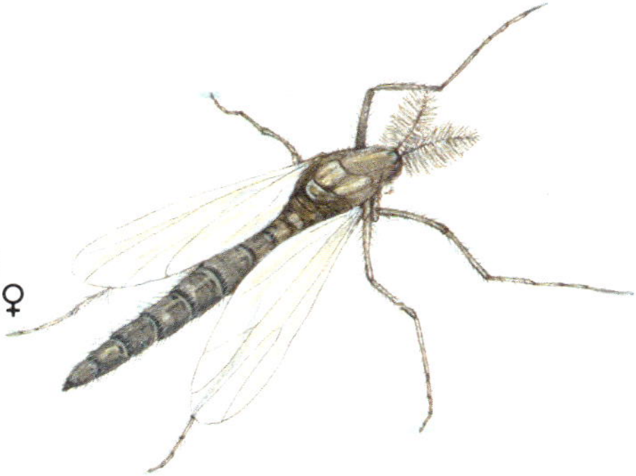

2 ♀

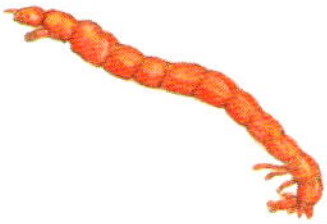

1

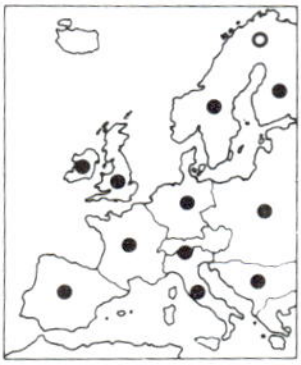

Moucheron svelte, fragile, à pièces buccales peu développées et sans trompe perforatrice. Thorax bossu qui vu de dessus cache la tête. Se pose les pattes avant levées ; au repos, ailes repliées en toit au-dessus du corps. Antennes des mâles plumeuses, celles des femelles filiformes.

Beaucoup d'adultes ne se nourrissent pas du tout. Mâles souvent en grands essaims en hiver ou au début du printemps, surtout en fin d'après-midi. Femelles sur la végétation à proximité de l'essaim.

Certaines larves vivent dans la végétation en décomposition mais beaucoup sont dans les ruisseaux, rivières et mares, formant souvent un tube dans la vase. Corps mou ressemblant à celui des vers. Parfois rouge vif (1). Importante source de nourriture pour les poissons.

Grande famille. Les larves du **Chironome plumeux** (2), une des nombreuses espèces similaires, sont les vers de vase rouges. Les Cératopogonidés, moucherons piqueurs, sont similaires mais minuscules (5 mm max) et au repos leurs ailes sont à plat. Les **Moustiques** ont une longue trompe perforatrice et des pattes arrière levées au repos.

AUTRES MOUCHERONS

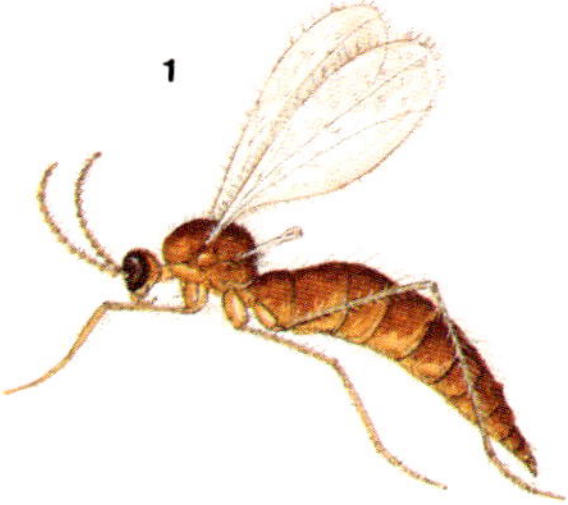

1

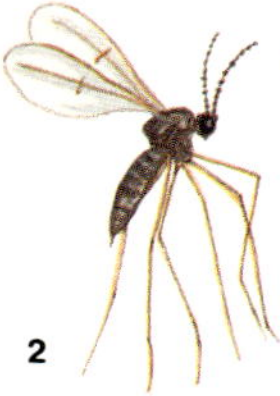

2

3

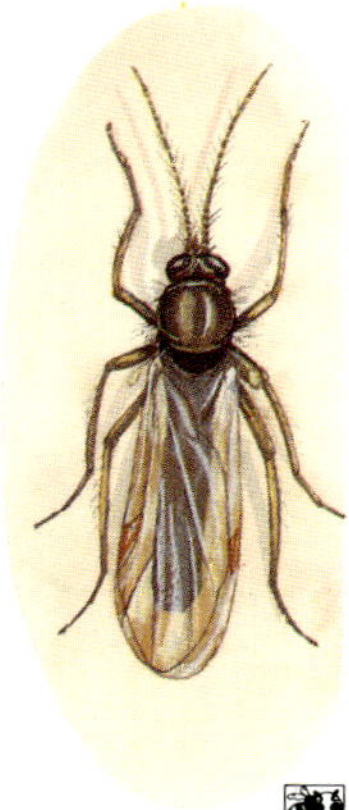

4

Cécidomies
Grande famille de minuscules insectes sveltes (5 mm max), à longues pattes et larges ailes velues souvent frangées. Antennes à articles globuleux avec des spires de poils minuscules. On voit moins les moucherons que les dégâts causés par leurs larves sur les plantes : fruits, fleurs et boutons déformés, galles sur les tiges, feuilles ou branches. Les larves de la **Cécidomie destructive** (1) attaquent les céréales dans le sud de l'Europe, rongeant les tiges. ***Diarthronomyia chrysanthemi*** (2) provoque des galles coniques sur les chrysanthèmes (3), abîmant sérieusement les plantes.

Cératopogonidés
Moucherons minuscules, jusqu'à 5 mm de long, à petite tête et assez longues pattes. Ailes assez grandes et à plat au repos. Femelles piquent ; mâles à antennes plumeuses. Parfois en grand nombre, surtout près des rivières et côtes nordiques. Larves minces, comme des vers ; aquatiques, dans mares et fossés, ou terrestres, souvent sous l'écorce des arbres. Beaucoup d'adultes se nourrissent d'insectes mais certains piquent comme ***Culicoides pulicaris*** (4). La plupart actifs par les soirs d'été orageux ; piqûres provoquant une irritation importante.

1

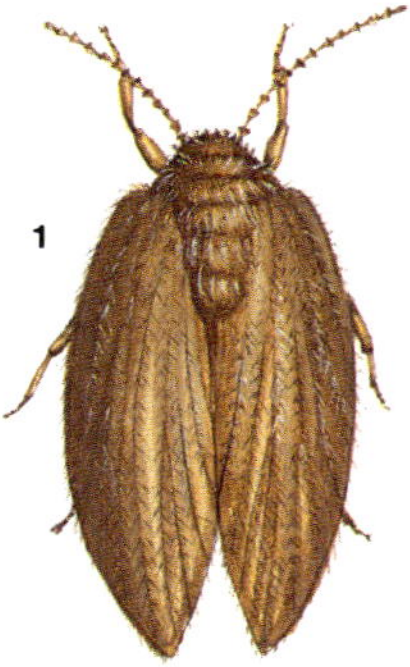

2

3

Phlébotomes
Minuscules moucherons velus comme de petits papillons de nuit, environ 5 mm d'envergure. Ailes larges et souvent pliées en toit au repos. Vol maladroit ; souvent observés sur les fenêtres, surtout près des drains et égouts, ou sur troncs d'arbres dans lieux ombragés humides. Minuscules larves blanchâtres semi-aquatiques ; se nourrissent de plantes en décomposition, de restes d'animaux ou de détritus dans les drains, puisards et égouts.

Simuliidés
Très petites mouches, grosses, noires ou grises, de 5 mm au plus, à courtes pattes épaisses, antennes courtes, dos bossu et ailes proportionnellement grandes à base large. Femelles piquent chevaux, bétail et humains, mâles ne piquent pas. Communes près eau courante, importunes par temps lourd, en essaim autour de la tête et des yeux. Larves (2) fixées aux rochers des cours d'eau rapides. ***Simulium equinum*** (3) est une des nombreuses espèces similaires ; surtout commune près des torrents.

TIPULE

jusqu'à 32 mm

Tipulidae

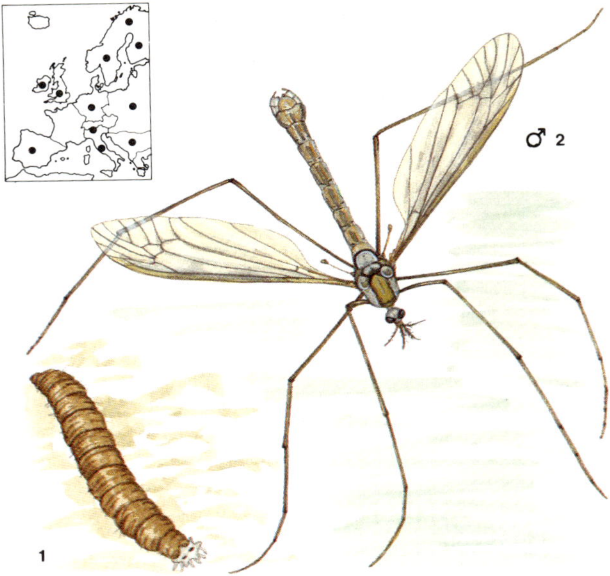

Mouche à longues pattes, corps mince et ailes étroites, aux mouvements et au vol maladroits. Leurs pattes délicates se cassent facilement. V remarquable sur le thorax entre les ailes. Envergure jusqu'à 65 mm. Ne pique pas.

Abondante dans une grande variété d'habitats, des prairies aux bois, marais et jardins ; certaines entrent dans les maisons. Surtout commune dans les zones humides où vivent les larves.

Larves vivant dans le sol – se nourrissant de plantes en décomposition, de racines de graminées et autres plantes – ou dans le terreau de feuilles, le bois pourri, voire dans l'eau. Les formes au sol (1) peuvent être nuisibles pour les cultures mais servent de nourriture aux oiseaux.

Grande famille. Beaucoup ont la taille d'un moustique mais la grande ***Tipula paludosa*** (2) est commune, on trouve ses larves dans les prairies et pelouses ; adultes attirés par la lumière. *Tipula maxima* est même plus grande. ***Trichocera relegationis*** similaire appartient à une autre famille ; ses essaims apparaissent en hiver et au printemps.

STRATIOMYIDAE

jusqu'à 20 mm

1

2

3

Mouche grosse à svelte, sans poils ; la plupart de couleurs métalliques ou vives, certaines semblables à des guêpes. Abdomen aplati, souvent plus large que les ailes repliées. Ailes soigneusement repliées l'une sur l'autre, à bord externe parallèle au repos. Trois coussinets sous chaque tarse.

Insecte plutôt paresseux, qu'on peut voir prenant un bain de soleil sur les plantes, surtout les ombellifères. Les plus grands volent mal mais les espèces *Sargus*, sveltes, volent sur place.

Larves aux habitudes variables. Beaucoup sont aquatiques (1), d'autres vivent dans le sol humide, le bois pourri, les champignons ou les débris organiques en décomposition. Certaines se nourrissent de plantes, d'autres sont carnivores. Souvent parasitées par les Chalcidoïdés.

Stratiome caméléon (2), une des plus grandes espèces, est souvent vu près de l'eau ou dans les zones marécageuses ; larves aquatiques. ***Chloromyia formosa*** (3) plus petit et plus commun vit dans les jardins et lieux humides. Larves vivant dans le bois pourri ou les plantes en décomposition.

MOUCHE RAPACE

jusqu'à 30 mm

Asilidae

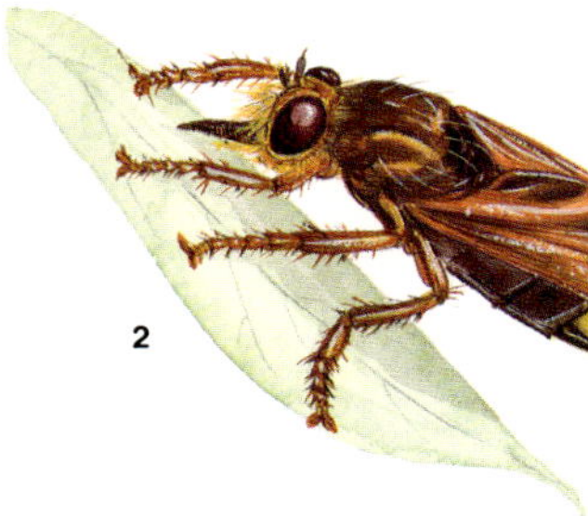

2

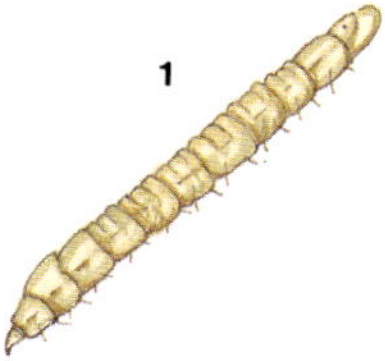

1

3

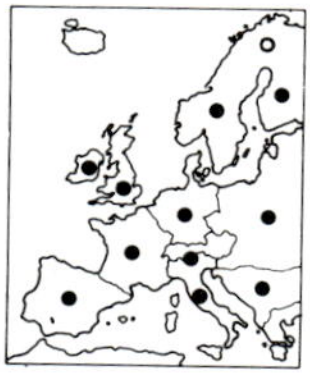

Forte mouche velue, moyenne à grande, à longues pattes couvertes de poils et corps étroit. Les tarses ont tout au plus deux coussinets. Yeux très grands, séparés par un sillon profond, sur une large tête aplatie. Trompe perforatrice. Peut piquer si manipulée.

Adulte chassant insectes : criquets, guêpes, abeilles. Certains guettent leurs proies avant de sauter dessus, d'autres chassent en vol. La proie s'effondre quand elle est piquée, probablement empoisonnée.

Larves (1) cylindriques avec deux longs poils de chaque côté du thorax. Vivent dans le sol, sous l'écorce du bois pourri ou dans les feuilles, et se nourrissent de plantes en décomposition.

L'**Asile frelon** (2), l'une des plus grandes mouches européennes, vit dans les prairies sèches calcicoles, bois de pins et landes. Guette ses proies sur des tronçons de bois ou au sol. ***Dioctria rufipes*** (3) est commun en été dans les prairies et haies ; capture ses proies en vol.

Tabanidae

TAON

jusqu'à 25 mm

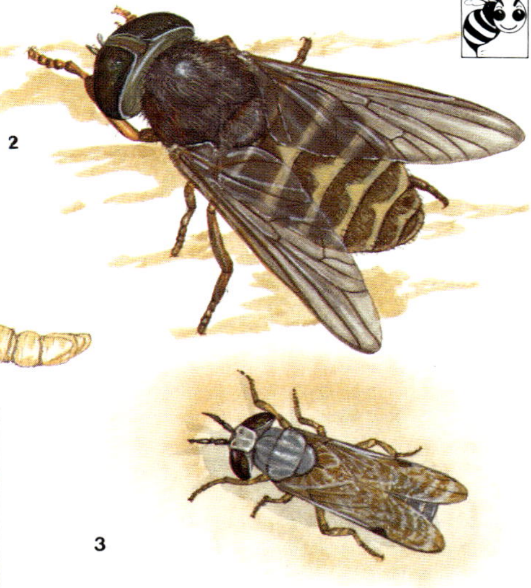

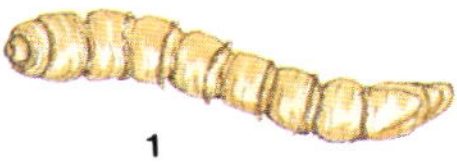

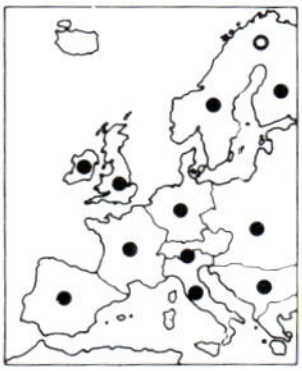

Mouche assez grande, robuste, sans poils, à grande tête et gros yeux irisés. Pattes à trois coussinets. Antennes courtes et fortes. Les femelles ont des pièces buccales piqueuses, fortes et piquent l'homme, les chevaux, le bétail et les cervidés. Vol rapide.

Femelle infligeant une piqûre douloureuse. Surtout active par temps chaud en été et automne. Mâle se nourrissant de nectar.

Larves (1) grandes, de section ronde, effilées aux deux extrémités. Se rencontrent dans les lieux humides, les morceaux de bois en décomposition, dans le sol, sous les pierres ou dans l'eau. Prédatrices, chassant vers ou larves.

Membres de cette famille le plus souvent dans les vieilles forêts et les pâturages, autour des chevaux et du bétail, ***Tabanus sudeticus*** (2) est grand, jusqu'à 25 mm de long, et vole avec un bourdonnement grave. Le **Taon des pluies** (3) attaque en silence, sa piqûre est souvent le premier signe de sa présence. Semble actif surtout par temps lourd.

SYRPHE

5-20 mm

Syrphidae

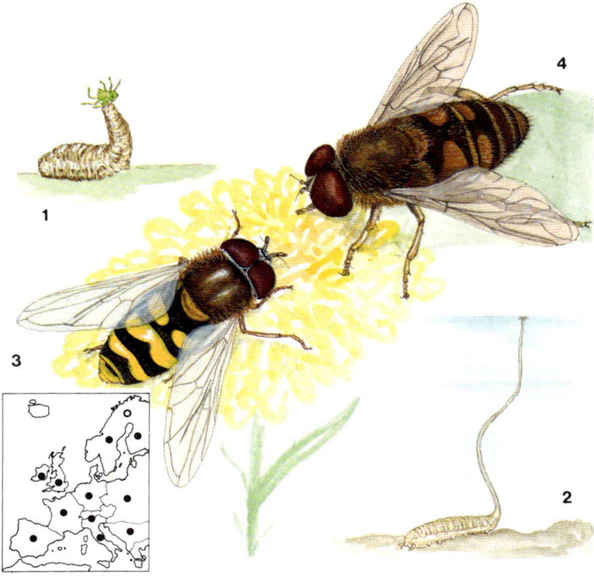

Mouche petite à grande, sans poils, souvent rayée de noir et jaune ou ressemblant à des abeilles. Fausse nervure distincte sur chaque aile reliée à aucune autre nervure. Grands yeux occupant une bonne partie de la tête. Trompe courte et charnue.

Mouche rapide, active qui fonce de place en place ou effectue un vol stationnaire. Généralement autour des fleurs où elle se nourrit de pollen et nectar ; importants pollinisateurs.

Beaucoup de larves se nourrissent de pucerons (1) et de cochenilles. Vivent dans l'eau, comme le « ver à queue de rat » (2), dans le bois pourri ou dans les nids des Hyménoptères. Quelques-unes attaquent les bulbes. Ressemblent à de minuscules limaces à extrémité avant pointue.

Grande famille. ***Syrphus ribesi*** (3) imite guêpes et abeilles, détournant ainsi l'attention des prédateurs. L'**Éristale gluante** ou **Mouche pourceau** (4), ressemble au faux-bourdon de l'abeille domestique. La Volucelle bourdon ressemble à un Bourdon. Se distinguent tous des guêpes et abeilles par leur vol stationnaire et leurs déplacements brusques.

ŒSTRE

Œstridae

10-15 mm

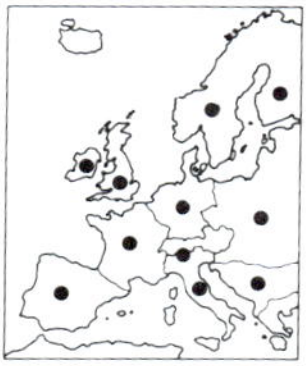

Grosse mouche à poils doux, avec un renflement sur le thorax et un éventail de poils derrière les balanciers (comme les mouches parasites). Pièces buccales rudimentaires, les adultes ne se nourrissant pas.

Femelle adulte vole autour du bétail et des moutons, pondant sur les pattes du bétail ou le nez des moutons. Provoque une gêne, voire la panique chez les animaux qui tentent désespérément de les éviter.

Larves parasites. Se développent sur les moutons et le bétail. Provoquent des troubles considérables et parfois graves chez les animaux.

Les **hypodermes** (1) pondent leurs œufs sur les pattes du bétail ; provoquant des grosseurs enflammées. Les larves de l'**œstre du mouton** (2) se développent dans les narines de l'animal. L'**œstre du cheval** (3) ressemble plus à une mouche domestique ; les larves se développent dans les intestins des chevaux.

TACHINAIRE

4-20 mm *Tachinidae*

1

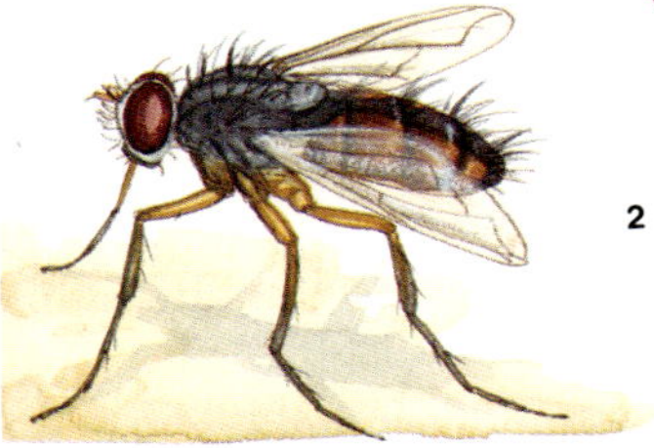

2

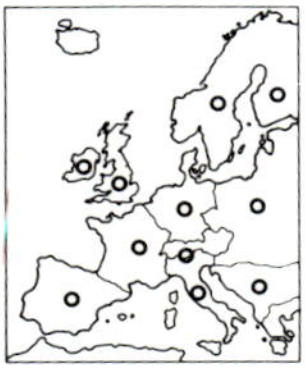

Grande et grosse mouche de couleur terne avec de grandes soies, surtout sur le dos de l'abdomen. Grand renflement sur le thorax que l'on voit surtout de côté, et un éventail de soies derrière les balanciers. Vol puissant.

Adulte dans une grande variété d'habitats depuis les prairies, champs et jardins jusqu'aux bois et forêts. Visite les fleurs pour se nourrir de nectar et de pollen.

Larves parasites dans des insectes comme les Coléoptères, les Mouches à scie, les chenilles, les nymphes de criquets et les Punaises. Œufs pondus sur les feuilles pour être dévorés par les chenilles ou pondus sur ou dans l'hôte. Les larves se développent à l'intérieur de l'hôte vivant.

Grande famille. Avec les guêpes parasites, ces mouches sont largement responsables du contrôle des populations d'insectes. ***Tachina grossa*** (1) ressemble à un bourdon ; on le trouve dans les bois et les landes. Larves se développant dans des chenilles. Les larves de ***Dexia rustica*** (2) se développent dans les larves de hannetons.

CALLIPHORIDAE

5-15 mm

2

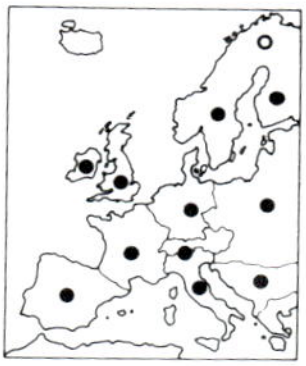

1

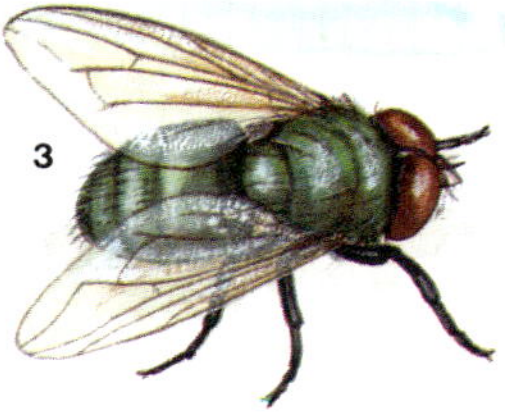

3

Mouche velue de couleur métallique, bleue, verte ou noire, à grand lobe à la base de chaque aile. Pas de renflement sur le thorax comme chez les Mouches parasites mais éventail de poils derrière les balanciers. Ces Mouches bourdonnent fortement en vol.

Se nourrit de plantes pourries, de cadavres ou d'excréments. Femelle attirée par la viande fraîche et les plaies ouvertes. Mâle surtout se nourrissant aussi de pollen.

La plupart des larves (1) se développent à partir d'œufs pondus sur des charognes, les excréments ou les blessures des animaux vivants. Se développent aussi dans la viande ou les blessures, si on laisse faire, maintenant la blessure stérile mais ouverte.

Grande famille. Les **Mouches bleues à viande** (2) pondent sur la viande exposée et les fruits. La *Mouche verte des cadavres* (3) vit surtout à l'extérieur, pondant sur charognes et excréments. Les **Mouches grises à viande**, apparentées, sont noir grisâtre avec des yeux rouges ; femelle déposant ses larves sur les cadavres.

MOUCHE DOMESTIQUE

jusqu'à 12 mm

Muscidae

1

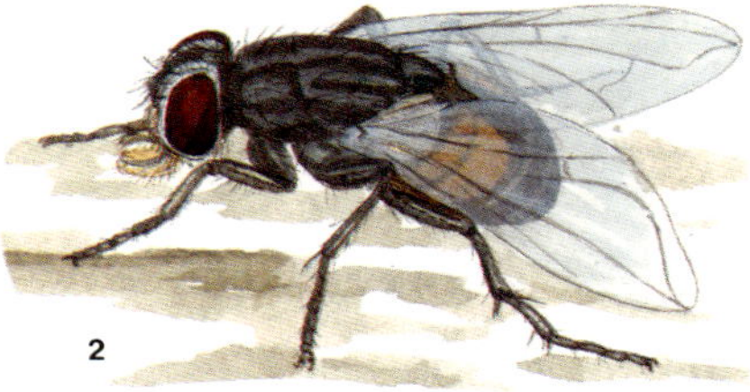

2

3

4

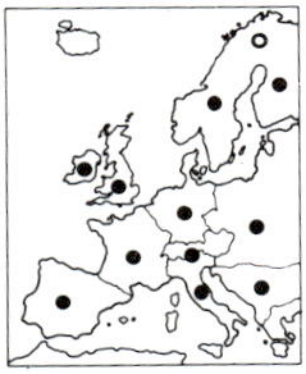

Grosse mouche active, généralement grise ou brune, parfois noire ou jaune, avec un large lobe à la base de chaque aile. Généralement velue, mais sans éventail de poils derrière les balanciers. Plusieurs centaines d'espèces en France.

Autour des maisons et des fermes où elle se nourrit d'excréments, fumier, nectar et nourriture. Également dans les bois, sur les troncs d'arbres, sur les plages.

Larves (1) de nombreuses espèces se développant dans la végétation en décomposition, le fumier et les excréments, aussi sur les charognes et les détritus. D'autres attaquent les plantes vivantes.

Grande famille. **Mouches domestiques** (2) vecteurs de germes infectieux (typhoïde, dysenterie, choléra et vers) qu'elles portent sur leurs pattes. **Petite Mouche domestique** (3) tourne autour des lumières et objets dans les maisons et restaurants. Aucune ne pique.

MOUCHES DOMESTIQUES

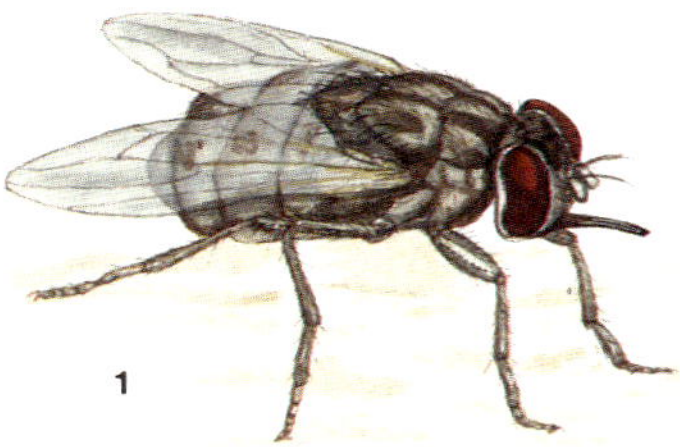

1

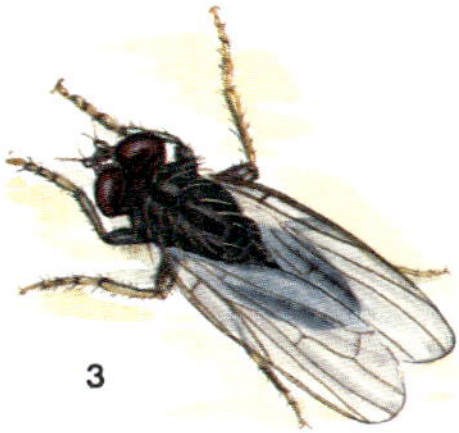

3

2

4

Beaucoup d'autres mouches familières sont membres de cette famille. ***Hydrotaea irritans*** (4 - page opposée) se rassemblent autour de la tête des promeneurs dans les bois ou autour du bétail, attirées par la sueur qu'elles lèchent. **Mouche piquante** (1) autour des fermes et champs ; pique. Ses larves se développent dans les tas de paille en décomposition, la végétation et le fumier. Les mouches jaune d'or, velues, que l'on voit souvent sur les bouses de vaches sont les mâles de **Scatophages du fumier** (2) ; ils attendent les femelles gris-vert, moins velues, qui viennent pondre dans les excréments.

Vers des racines et des graines
Sous-famille de mouches domestiques, groupe de mouches sveltes sombres, à pattes relativement longues. Beaucoup de leurs larves (ou vers) se nourrissent de plantes en décomposition, de champignons, mais d'autres attaquent les plantes vivantes. Certaines sont nuisibles. Les vers de ***Hylemyia antiqua*** (3) attaquent les oignons (4) ; les vers de *Eroischia brassicae* attaquent les racines des choux, etc. ; les larves de *Leptohylemyia coarctata* attaquent les céréales.

AUTRES MOUCHES

1

2

Bibions
Mouches noires velues à grosses antennes courtes insérées sous les yeux. Adultes surtout communs dans lieux herbeux au printemps. La **Mouche de Saint-Marc** (1), la plus grande espèce (jusqu'à 13 mm), apparaît aux environs de la Saint-Marc (25 avril). Mâles volant lentement, pattes pendantes, recherchant des femelles posées dans l'herbe. *Dilophus febrilis* est similaire mais plus petit ; se comporte de la même façon. Larves vivant dans le sol, se nourrissant de racines.

Empididés
Grande famille de mouches petites et moyennes, velues, jusqu'à 12 mm, à tête plus ou moins sphérique sur un cou svelte. Pattes souvent épaissies. Trompe rigide et perforatrice, dirigée vers le bas chez beaucoup d'espèces ; utilisée pour sucer les humeurs d'autres insectes, surtout mouches. Adultes se réunissant souvent en essaims, comme les moustiques. Larves vivant dans le sol, le bois pourri ou dans l'eau. ***Empis tessellata*** (2) est une grande espèce souvent observée sur les fleurs d'aubépine ou les ombellifères.

AUTRES MOUCHES

1

2

Bombyles
Grosses mouches velues, jusqu'à 12 mm de long, comme des bourdons actifs. Longues pattes fines et pièces buccales comme une trompe. Ailes étalées au repos, pouvant être enfumées ou à dessins. Ne piquent pas. Paraissent voler sur place sans mouvement, exception faite de la rapide vibration des ailes, partent comme une flèche si elles sont dérangées. On peut les observer au-dessus du sol, autour des fleurs, au repos sur des feuilles ou au sol. Larves parasitent d'autres insectes dont chenilles, abeilles, guêpes et autres mouches. Le **Grand Bombyle** (1) est une espèce commune.

Rhagionidés
Mouches petites à assez grandes, à corps svelte et longues pattes. Souvent jaunes et brunes. Trois pelotes à l'extrémité des pattes. La grande **Mouche bécasse** (2) (jusqu'à 18 mm) se rencontre dans les zones boisées, mâles généralement la tête en bas sur les troncs et les clôtures ou s'envolant soudain en flèche. Larves longues et blanchâtres, dans le sol ou le terreau de feuilles, se nourrissant d'insectes et autres petits animaux.

AUTRES MOUCHES

1

2

3
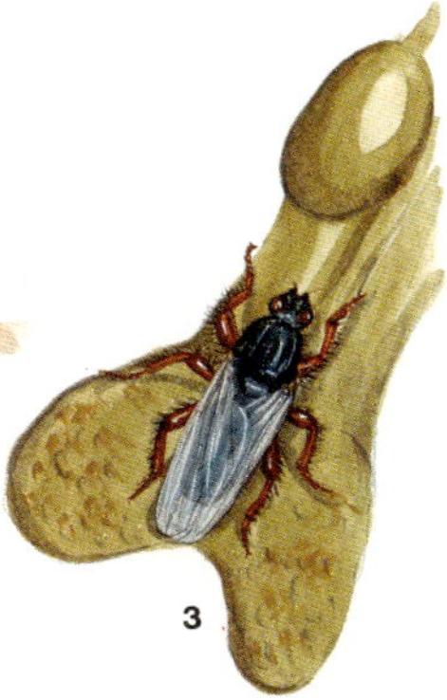

Dolichopodidés
Grande famille de petites mouches velues, jusqu'à 7 mm de long, à longues pattes. Souvent de couleur métallique, verte ou bleue. Communes dans les lieux humides près de l'eau, les prairies humides, marécages et le long des rivières, marchant même sur l'eau ou sur la vase. Adultes et larves chassent de petits insectes. Larves vivant dans les lieux humides. ***Poecilobothrus nobilitatus*** (1) est commune autour des mares, surtout celles couvertes de lentilles d'eau. C'est l'une des nombreuses espèces de la famille où les mâles ont de grands organes sexuels très ornementaux.

Ephydridés et Cœlopidés
Les **Ephydridés** (2) sont de petites mouches brunes, jusqu'à 8 mm de long ; peuvent se trouver en grand nombre à la surface de l'eau aux bords des mares, rivières ou marais, ou sur la côte. Se nourrissent d'autres insectes pris dans la pellicule d'eau. Les **Cœlopidés** (3) sont des mouches aplaties, velues, jusqu'à 8 mm de long. On les rencontre souvent en grand nombre sur les fleurs près de la côte ou dans les algues échouées sur les plages, et cela tout au long de l'année.

MOUCHES DES FRUITS

1

3

2

4

Tephritidés
Petites mouches d'environ 5 mm de long, à dessins élaborés sur les ailes ; femelles à abdomen pointu et ovipositeur rigide. Mâles perchés sur les feuilles, ouvrant et fermant leurs ailes, courtisant les femelles. Les larves sont des vers blancs que l'on trouve dans fleurs, fruits ou tiges de nombreuses plantes ; certaines sont nuisibles pour les récoltes comme la mouche du céleri *(Philophylla heraclei)* et *Ceratitis capitata* la mouche des fruits méditerranéens. Beaucoup provoquent des galles, surtout sur les feuilles des plantes de la famille de la marguerite. Les larves d'***Urophora cardui*** (1) provoquent des galles sur les tiges des chardons des champs (2).

Drosophiles
Petites mouches d'environ 5 mm de long, souvent autour des fruits pourris ou fermentant, dans restaurants, usines de confitures, brasseries, débits de boissons, etc. Se nourrissent de levures, aussi de nectar et de sève. Les larves (3) sont des vers blanchâtres qui creusent une galerie dans les fruits en fermentation ou les champignons, se nourrissant de levures et bactéries. La **Mouche du vinaigre** ou **Drosophile** (3), jaune et brune, n'est pas seulement commune à l'état sauvage (avec de nombreuses espèces similaires) mais est aussi utilisée pour les expériences génétiques.

COLÉOPTÈRES

généralement 0,5-25 mm

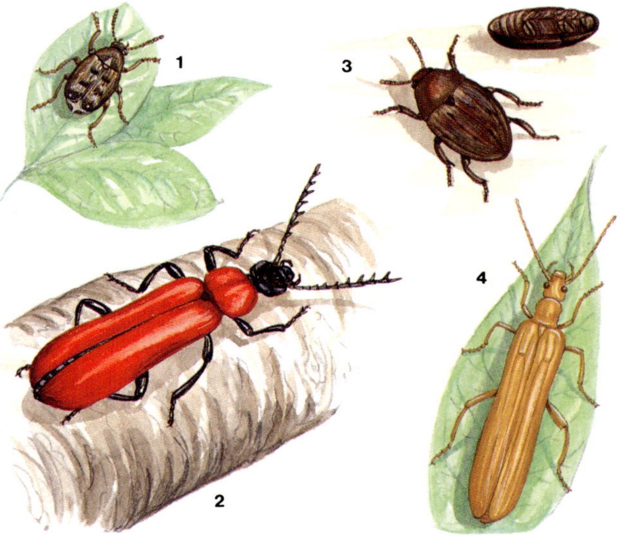

1

3

4

2

Insectes caractéristiques à ailes antérieures cornées ou coriacées appelées élytres qui se joignent en ligne droite au centre du dos. Ailes postérieures membraneuses et utilisées pour voler ; au repos elles sont repliées sous les élytres. Antennes généralement à 11 segments.

On les trouve dans l'eau, les bois, les champignons ou sur fleurs et feuilles mais aussi les maisons. Pièces buccales broyeuses ; carnivores ou herbivores.

La larve a une tête dure bien développée, un thorax et un abdomen dur ou mou. Formes prédatrices actives ayant des pattes bien développées et des antennes, les formes qui creusent le sol ou le bois sont souvent sans pattes et à corps mou.

Le plus grand ordre animal avec plus de 300 000 espèces dans le monde. Les larves du **Bruche des pois** (1) se développent dans les pois ; on peut voir le **Pyrochre écarlate** (2) sur les vieux arbres et les fleurs ; le **Byrrhe commun** (3) fait le mort quand on le dérange ; on aperçoit souvent ***Oncomera femorata*** (4) sur les fleurs.

TÉNÉBRION

Tenebrionidae

3-30 mm

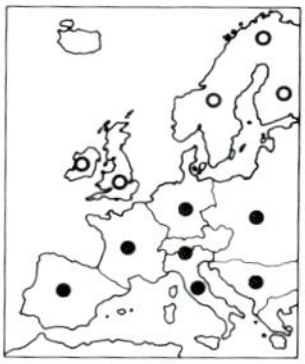

1

2

3

Coléoptère ovale ou oblong, à corps dur, à démarche lente et souvent maladroite. La plupart sont noirs ou brun foncé, certains avec des taches rouges ; beaucoup ont des élytres striées ou rugueuses. Antennes filiformes ou à articles globuleux ; dont on ne voit pas du dessus le départ sur la tête.

En général nocturne. Vit dans les caves, les plantes en décomposition, les champignons, sous l'écorce ou les feuilles. Certains sont nuisibles. Beaucoup ne volent pas, leurs élytres étant soudés.

Larves nécrophages comme beaucoup d'adultes, habitats et nourriture similaires. Luisantes et cylindriques, leur forme type étant celle du Ténébrion meunier (1), nuisible des grains stockés mais aussi utilisé comme nourriture pour amphibiens et reptiles.

Ténébrions meuniers adultes (2) et les *Tribolium confusum* similaires mais plus petits et plus légers se rencontrent dans la farine dans les entrepôts et les moulins. Le grand ***Blaps mucronata*** (3) est l'une des espèces qui ne volent pas ; il vit dans les caves et émet une odeur nauséabonde si on le dérange.

CICINDÈLE

8-20 mm *Cicindélidae*

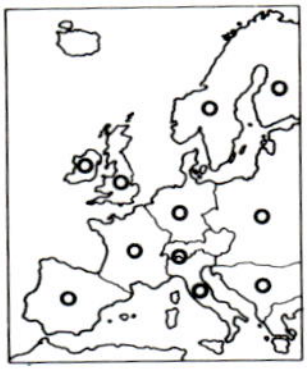

2

1

Très agile. À corps allongé, cylindrique et longues pattes. Beaucoup sont d'un vert métallique ou bruns avec de légers dessins. Têtes et yeux grands, aussi larges que le pronotum mais plus étroits que les élytres ; antennes filiformes, fixées au sommet de la tête.

Actif de jour. Vit dans les lieux secs et sablonneux, bois et landes. Chasseur actif et rapide. Vole souvent sur de courtes distances lorsqu'il est dérangé. Peut mordre.

Larves (1) longues, blanchâtres, à grande tête et mâchoires puissantes. Vivent dans des terriers verticaux dans le sol, attendant en haut du terrier que la proie (d'autres insectes) approche, pour la capturer.

Peu de membres de cette famille en Europe. **Cicindèle champêtre** (2) dans toute l'Europe, lieux sablonneux, landes, dunes et chemins forestiers en été. Cicindèle sylvicole bronze, vert irisé ou violet en dessous ; vit dans bois de pins sablonneux et landes en Europe du nord et centrale.

CARABE

Carabidae

1-60 mm

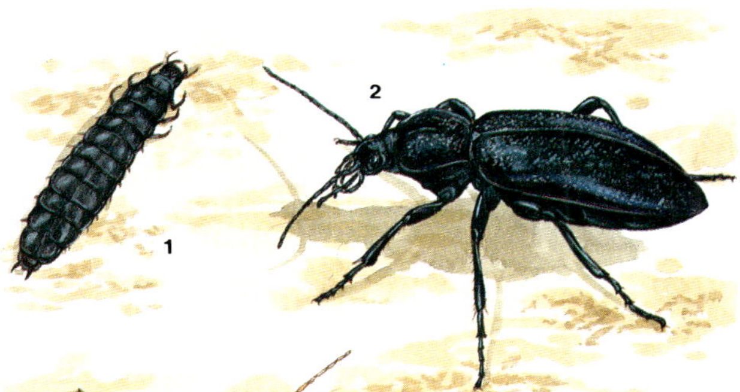

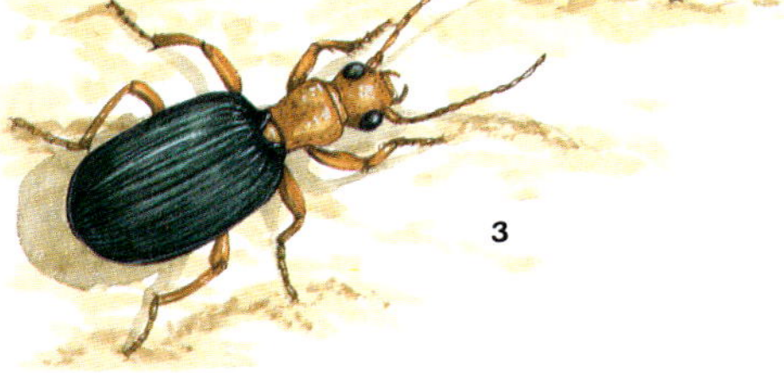

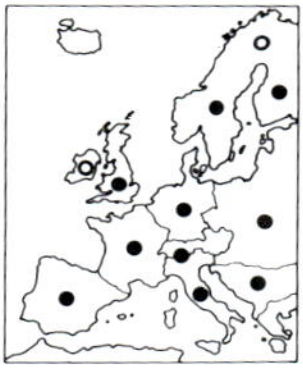

Coléoptère allongé, plutôt aplati à longues pattes avec ergots. Le plus souvent noir mais parfois aux couleurs vives ou métalliques. Pronotum souvent plus étroit que les élytres mais plus large que la tête. Antennes filiformes, fixées sur les côtés de la tête.

En général nocturne. Vole rarement mais court très vite, se cache souvent sous des pierres, débris ou rondins. Prédateur mais certains se nourrissent aussi de plantes ou charognes.

Larves (1) à long corps aplati, pattes bien développées et mâchoires acérées. Vivent dans des terriers ou se cachent dans les mêmes endroits que les adultes. Prédateurs actifs comme les adultes.

Grande famille de plusieurs centaines d'espèces. **Carabe pourpré** (2) chasse limaces dans bois et jardins. Les **Bombardiers** (3) se défendent en projetant un liquide toxique par leurs glandes anales. Les Féronies (carabes noirs) sont très communes dans les jardins, champs, caves, souvent sous les pierres.

STAPHYLIN

1-25 mm — *Staphylinidae*

1

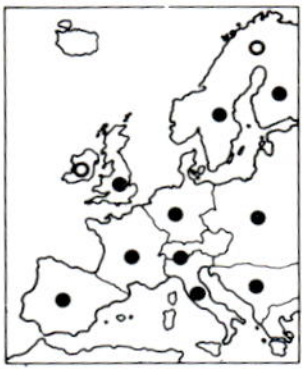

Coléoptère svelte, allongé, à côtés parallèles, à courts élytres qui laissent la majeure partie de l'abdomen exposé. Abdomen flexible, souvent relevé, surtout quand l'animal est dérangé. Parfois brillant mais habituellement terne, souvent noir. Antennes filiformes.

Vit sur cadavres, excréments, champignons, tourbe ou sous pierres, dans les lieux humides et les fourmilières. La plupart dévorent d'autres insectes ; courent rapidement et volent bien.

Larves (1) similaires aux adultes mais aptères. Souvent carnassières comme les adultes, se rencontrent dans des lieux similaires.

Très grande famille. **Staphylin odorant** (2) se trouve sous pierres et débris dans jardins et bois ; un des plus grands Staphylins, lève le bout de son abdomen quand il est dérangé. ***Paederus littoralis*** (3) est très petit mais de couleurs frappantes, ne vole pas ; vit dans les prés humides et près de l'eau.

SILPHE NÉCROPHORE

Silphidae 4-25 mm

1

2

3

Coléoptère noir, souvent grand, certains tachetés de orange. Corps relativement mou et aplati, élytres courts découvrant la partie arrière de l'abdomen. Antennes en massue.

Souvent près de cadavres d'animaux dont ils se nourrissent. D'autres mangent des champignons ou des plantes pourris ; certains sont prédateurs. Attiré par la lumière la nuit.

Beaucoup de larves sont nécrophages comme les adultes. Larves des nécrophores ont trois formes de développement, la première active avec des pattes bien développées (1), la dernière presque comme un asticot. Les larves de silphes ressemblent à des cloportes.

Nicrophorus vespillo (2) compte parmi plusieurs espèces similaires ; les autres sont entièrement noires. Les adultes trouvent un cadavre à l'odeur. Les deux premiers chassent les autres, la femelle pond alors près du cadavre puis nourrit la larve. Le **Silphe à quatre points** (3) vit dans les bois de chênes ; se nourrit de chenilles de papillons nocturnes.

SCARABÉE

3-40 mm *Scarabaedae*

2

1

3

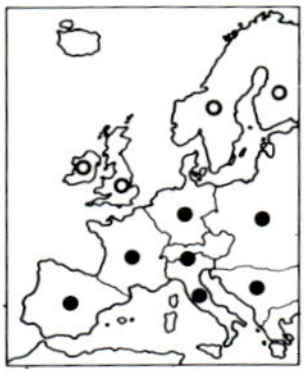

Gros coléoptère convexe, en général court, à grande tête. Antennes distinctives coudées avec massues formées de 7-11 segments comme des feuilles. De couleurs variées, du brun terne au vert métallique ou bleu, certains avec des marques vives.

Se nourrit de feuilles, pollen, sève ou fruits et se rencontre sur les plantes ; certains sont nuisibles. D'autres se nourrissent de champignons, de végétation en décomposition ou d'excréments.

Larves (1) généralement en forme de C, à corps blanc et tête brune. Grande variété d'habitats ; souvent dans le sol où elles abîment pelouses et récoltes en se nourrissant de racines ; d'autres vivent dans excréments, charognes, sous l'écorce et dans la végétation en décomposition.

Grande famille comprenant scarabées, **coprophages** et hannetons. Le **Hanneton commun** (2) est l'un des plus grands hannetons ; vole le soir en mai et juin. Le **Hanneton des jardins** (3) vole plus tard en été, souvent dans les endroits herbeux secs ou autour des buissons. La Cétoine dorée ou Hanneton des Roses vole autour des fleurs, y compris les roses.

AUTRES SCARABÉES

1

3

2

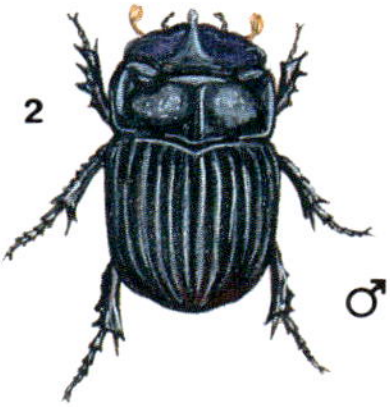

Scarabées bousiers
Souvent noirs, bronze ou verts, certains mâles ont des cornes. Dans ou près du fumier dont ils se nourrissent. Plusieurs espèces du genre *Aphodius* dans prairies et pâtures d'Europe y compris l'**Aphodie du fumier** (1) et l'**Aphodie à pattes rouges**, toute noire. Se rencontrent dans les excréments de vaches, moutons et chevaux. Mâles et femelles de ***Copris lunarius*** (2) creusent des terriers sous les bouses de vaches, y pondent puis nourrissent et gardent les larves jusqu'à ce qu'elles soient prêtes à quitter le terrier.

Géotrupes
Coléoptères pour la plupart grands, noirs, souvent irisés, 10-25 mm. Antennes terminées en éventail tripartite. Pattes antérieures avec des griffes puissantes pour creuser. Adultes creusent terriers sous excréments et roulent des boules d'excréments dans les terriers. Un œuf est pondu sur la boule ; adultes et larves se nourrissent d'excréments. Le **Géotrupe du fumier** (3) est commun sur la bouse de vache et on peut le voir en vol le soir. Souvent infesté d'acariens.

TAUPIN

3-28 mm

Elatéridae

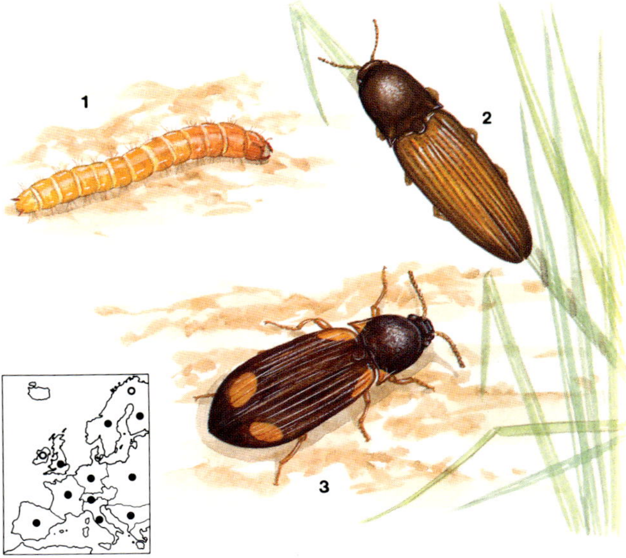

Caractéristique par sa façon de se retourner en l'air lorsqu'il tombe sur le dos. Il virevolte plusieurs fois en l'air et peut se poser correctement, sinon il effectue un nouveau retournement. Aplati et allongé, généralement terne, souvent brun ou noir.

Vit sur les feuilles et fleurs des plantes herbacées, dans le bois pourri ou sous l'écorce. Beaucoup ne mangent pas du tout tandis que d'autres se nourrissent de feuilles, pollen ou nectar.

Les larves sont les vers fil de fer (1) ; corps dur, brillant, brun ou jaune, cylindrique. La plupart dans le sol, se nourrissant de graines ou racines. Beaucoup sont nuisibles dans les champs de céréales et autres récoltes. D'autres prédatrices dans le bois pourri ou sous l'écorce.

Agriotes lineatus (2) vit dans les herbages et terres cultivées où ses larves causent des dégâts aux cultures de tubercules. D'autres espèces similaires vivent dans bois et haies. Certaines ont de grands points de couleur sur les élytres comme ***Œdostethus 4-pustulatus*** (3) rencontré sous les pierres dans les lieux humides herbeux.

CANTHARIDE

Cantharidae

3-15 mm

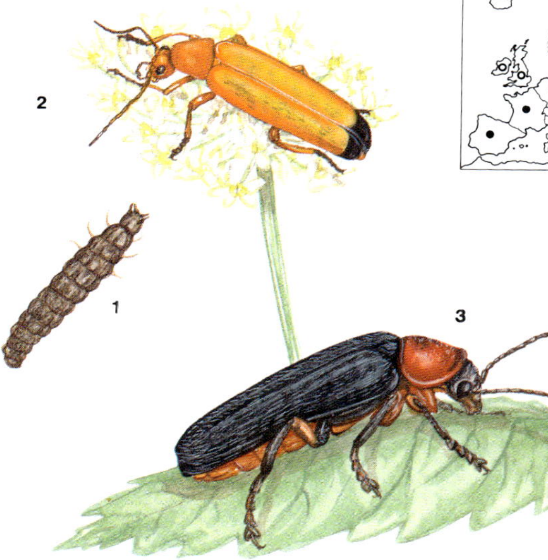

Coléoptère allongé aux côtés plus ou moins parallèles, à corps mou, à élytres velus, coriacés, plus mous que ceux de nombreux Coléoptères. Souvent rougeâtre mais les élytres peuvent être noirs. Pronotum ne s'étendant pas au-dessus de la tête.

Se rencontre sur fleurs et feuilles. Surtout Ombellifères et Chrysanthèmes, aussi sur les mûres : dans haies, bois et prairies. Prédateur, se nourrissant d'autres insectes. Vole bien.

Larves (1) paraissant veloutées, couvertes de poils denses, souvent foncées. Prédatrices, vivant sur le sol, sous les pierres, dans mousse et débris, où elles attrapent des insectes à corps mou comme chenilles et asticots, ou limaces et escargots.

Rhagonycha fulva (2) est commun sur les fleurs et arbustes ; est inoffensif. Existe plusieurs espèces similaires mais plus grandes. D'autres ont des élytres jaunes ou noirs, comme ***Cantharis rustica*** (3).

ANOBIIDAE

2-5 mm

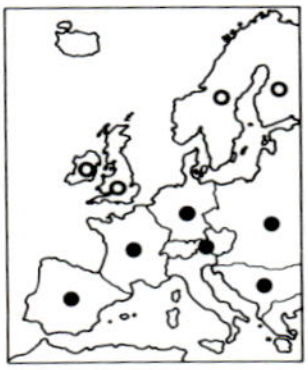

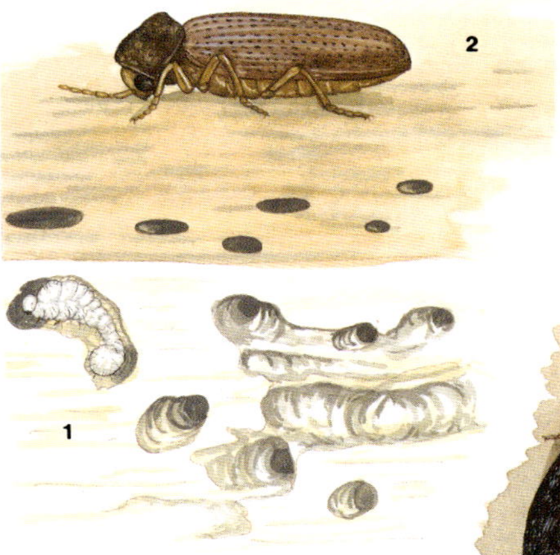

Petite, brun foncé à noir, souvent allongée et cylindrique, certaines ovales. Pattes pouvant être serrées contre le corps. Pronotum s'avançant pour former une espèce de capuchon au-dessus de la tête. Trois derniers articles des antennes allongés et évasés.

Se rencontre surtout dans les vieilles forêts avec beaucoup d'arbres morts ou dans les maisons. Passe souvent inaperçue car fait le mort quand elle est dérangée, rentrant les pattes et restant immobile.

Larves creusent des terriers dans bois des bâtiments et meubles, ou dans arbres morts, formant des tas de fine sciure. Détériorent de façon considérable le bois le réduisant en poudre si on leur en laisse le temps. Adultes sortent par de petits trous. Les vers du bois (1) sont les larves des Vrillettes.

Les larves des **Vrillettes ponctuées** (2) et de ***Xestobium rufovillosum*** (3) peuvent infester meubles et bois de charpente dans vieux bâtiments. *Xestobium rufovillosum* émet un tapotement comme chant nuptial. La Vrillete du pain et *Lasioderma serricorne* vivent avec leurs larves dans légumes secs, épices ou tabac.

SCOLYTE

Scolytidae

2-9 mm

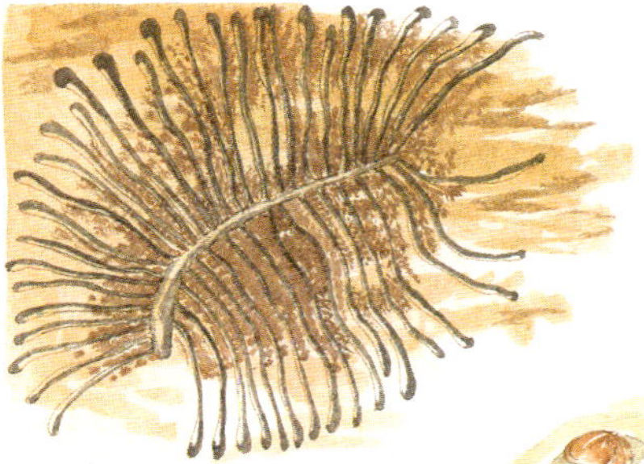

1

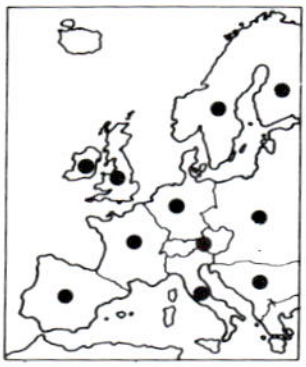

2

3

Coléoptère allongé, cylindrique, brun ou noir à élytres grêlés ou striés. Antennes courtes, coudées, généralement à grandes massues arrondies. Les tunnels creusés par les adultes dans le bois ont un dessin caractéristique (1) qui permet d'identifier l'espèce.

De nombreux Scolytes attaquent les arbres, creusant des tunnels compliqués juste sous l'écorce. Certains creusent dans le cœur du bois ; tunnels tapissés d'un champignon dont ils se nourrissent.

Larves (2) petites, blanchâtres, sans pattes et courbées en forme de C. Se rencontrent généralement dans les galeries perpendiculaires aux galeries principales des adultes. Se nourrissent comme les adultes.

L'adulte du **Scolyte de l'orme** (3) est le vecteur de la maladie cryptogamique qui a détruit presque tous les ormes d'Europe. *Leperisinus varius* attaque les frênes malades ou tombés. D'autres espèces infestent les pins, etc. ***Xyleborus dryographus*** creuse le bois des chênes et châtaigniers.

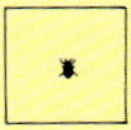

DERMESTIDAE

1, 5-10 mm

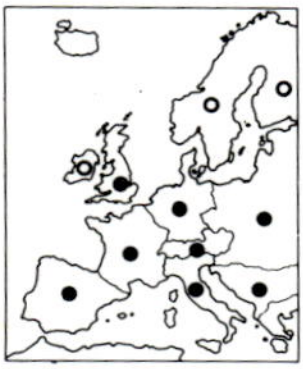

3

2

1

Petits, allongés, bruns ou noirs, souvent à pâles écailles grises ou poils, faciles à enlever. Peuvent faire le mort si on les dérange, pattes et antennes rentrées sous le corps. Antennes courtes, en massue.

Nécrophage de la peau et des poils des charognes. Aussi nuisible dans les maisons, se nourrissant d'aliments, laine, fourrure, plumes, viande, fromages, etc. Certains nuisibles dans les musées.

Larves actives, velues, certaines couvertes de longs poils bruns (1). La plupart ont les mêmes habitudes que les adultes et peuvent causer des dégâts considérables.

Anthrène (2) se rencontre sur les fleurs ou sur les fenêtres ; leurs larves (1) abîment tapis, fourrures et tissus ; attaquent souvent animaux empaillés et collections entomologiques. **Dermeste du lard** (3) se nourrit de cadavres dans la nature mais est nuisible dans la maison : leurs larves se nourrissent d'aliments secs et de tissus.

COCCINELLE

Coccinellidae

2-9 mm

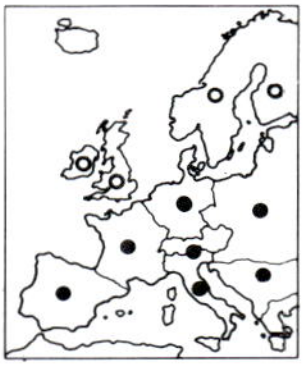

Corps ovale ou arrondi, rouge ou jaune vif ou noir et brun, généralement avec des points noirs, rouges ou jaunes. Pronotum couvrant partiellement ou entièrement la tête. Antennes terminées par des massues à trois articles.

La plupart carnassières, se nourrissant de pucerons et autres nuisibles. Se rencontre sur les plantes où elle trouve ses proies. Quelques-unes se nourrissent de plantes. Certaines hibernent en groupe.

Larves (1) de formes variées, souvent camouflées et épineuses, foncées ou pâles et cireuses. Pour la plupart carnassières comme les adultes, se nourrissant des mêmes insectes nuisibles. Femelles pondent près d'une colonie de proies.

La Coccinelle rouge familière a jusqu'à 14 points. La **Coccinelle à 2 points** (2) peut être rouge à points noirs ou noire à points rouges, et la **Coccinelle à 7 points** (3) est la plus abondante. La **Coccinelle à 22 points** (4) est petite, jaune avec de nombreux points noirs, elle se nourrit de moisissures.

LONGICORNE OU CAPRICORNE

3-60 mm *Cérambycidae*

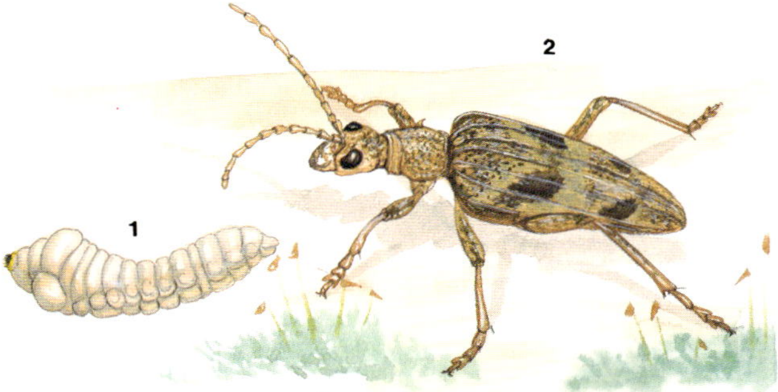

2

1

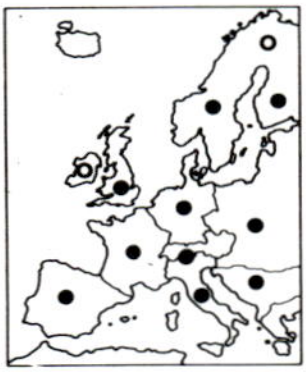

3

Coléoptère allongé, cylindrique, beaucoup sont grands et de couleur vive. Certains imitent d'autres insectes. Antennes caractéristiques grandes et fines parfois plus longues que le corps. Base de l'antenne souvent partiellement entourée par l'œil.

Se rencontre de jour, près des arbres ou fleurs, se nourrissant de pollen. Se déplace et vole rapidement, restant immobile si dérangé ou poussant des cris aigus si on le soulève. D'autres sont nocturnes, se cachant le jour.

Larves (1) pâles et allongées, à pattes réduites, tête brune et mâchoires puissantes ; la plupart creusent dans le bois, faisant un trou dans l'écorce avec de la sciure autour. Beaucoup sont nuisibles dans forêts et vergers, d'autres vivent dans bois pourri, certaines dans plantes herbacées.

Grande famille de Coléoptères caractéristiques. Adultes, comme ceux de ***Rhagium mordax*** (2), on peut les voir autour des arbres ou des fleurs en été. Ses larves vivent sous l'écorce des arbres feuillus. **Hylotrupe portefaix** (3) est nuisible, ses larves creusent les poteaux télégraphiques et la charpente des bâtiments.

AUTRES LONGICORNES

On peut voir les **Capricornes musqués** (1) sur les fleurs ou les saules. Ils dégagent une odeur musquée piquante lorsqu'on les dérange. Larves se développant dans saules, surtout les vieux saules têtards. On peut voir les adultes de **Strangalie tachetée** (2) près des fleurs en été mais leurs larves se développent dans les arbres pourris tombés et les souches. Adultes de couleurs variées, tout jaunes à presque tout noirs. Une parmi plusieurs espèces similaires, toutes avec élytres effilés caractéristiques.

Certains Longicornes sont d'excellents imitateurs, comme le **Clyte commun** (3), généralement sur le bois de charpente, dans les haies et jardins. Insecte farouche qui sait même imiter une guêpe, se protège ainsi des prédateurs de la même façon que les oiseaux qui apprennent vite à éviter les piqûres de guêpes. Ses larves se développent dans le bois mort, les piquets de clôture, etc. On peut voir la **Saperde chagrinée** (4) sur les peupliers, les grands trous dans les feuilles dont elle s'est nourrie la trahissent. Élytres distinctifs à poils denses gris ou jaunes. Larves se développant dans le bois de peuplier.

COLÉOPTÈRES DES FEUILLES

1,5-20 mm *Chrysomélidae*

1

2

3

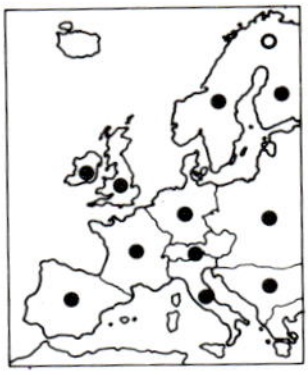

Petit, ovale et convexe. Tonalité souvent métallique avec de jolies marques de couleurs variées. Antennes mesurant moins de la moitié du corps, filiformes, en massue ou dents de scie. Yeux non échancrés.

Sur toutes sortes de plantes, récoltes et arbres, souvent avec leurs larves. La plupart des adultes se nourrissent de feuilles.

Larves petites, de type limace (1), se nourrissant de racines ou feuilles, défoliant plantes ou arbres lorsqu'elles sont nombreuses. D'autres sont minuscules et creusent des galeries dans les feuilles ; ces galeries apparaissent comme des lignes pâles.

Grande famille avec de nombreux nuisibles, comme le **Doryphore** (2) qu'on trouve en Europe centrale et méridionale ; c'est un fléau pour les pommes de terre. ***Timarcha tenebriosa*** (3) aussi appelé « crache-sang » est l'un des plus grands Coléoptères des feuilles, il ne vole pas et se cache sous les cailloux le jour ; dérangé, il crache une goutte de sang.

COLÉOPTÈRES DES FEUILLES

Beaucoup de Coléoptères des feuilles sont irisés, comme **Cryptocephalus hypochaeridis** (1) généralement vu sur les épervières et autres chrysanthèmes à fleurs jaunes. Les espèces similaires mais plus arrondies du genre *Chrysolina* se rencontrent sur les menthes, thyms et autres membres de la famille des menthes. Le **Criocère du lis** (2) est devenu un fléau ces dernières années et se rencontre sur les lis. Ce Coléoptère émet un son si on le manipule. Beaucoup de ces insectes ont des larves se camouflant avec leurs excréments.

Le **Casside vert** (3) est un des nombreux Coléoptères en forme de bouclier, ressemblant à de petites tortues. Élytres déployés pour couvrir la tête et le corps. Larves ovales, aplaties et épineuses, camouflées par leurs excréments. Adultes et larves forment de petits trous dans les plantes, souvent les membres des familles de la menthe et du chrysanthème. Les membres du genre *Phyllotreta* sont de petits Coléoptères bleuâtres ou noirs, à grandes pattes postérieures pour sauter. Adultes se nourrissant de feuilles, souvent sur les Crucifères, faisant de petits trous comme des plombs ; larves se nourrissant de racines. Beaucoup sont nuisibles, comme ***Phyllotreta nemorum*** (4).

DYTIQUE

1-45 mm *Dytiscidae*

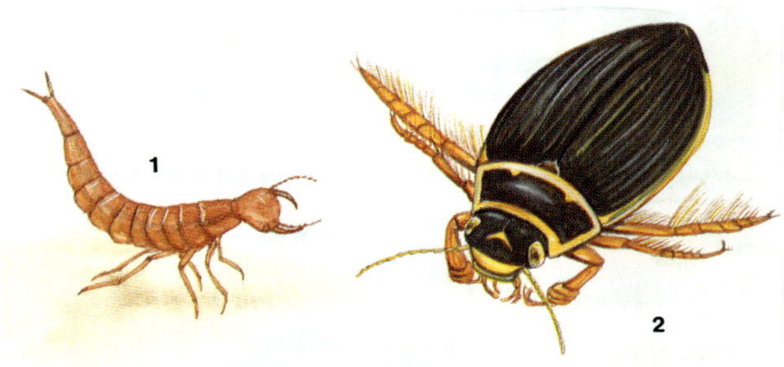

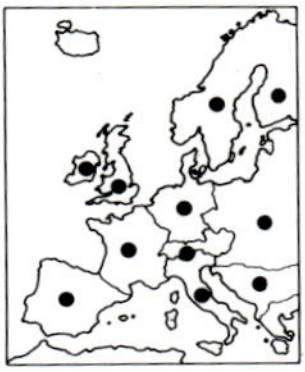

Profilé, brillant, à corps plat, généralement noir ou brun (certains jaunes). Leurs pattes arrière sont modifiées pour la nage – aplaties et frangées de longs cils, elles se meuvent simultanément. Antennes filiformes. Tête partiellement enfoncée dans le thorax.

Se rencontre dans mares et lacs. Féroce carnassier. Monte à la surface, l'extrémité de l'abdomen émergeant en premier, pour faire provision d'air. Vole aussi bien.

Larves (1) encore plus carnassières que les adultes, avec leurs grandes pièces buccales pointues et creuses ; sucent les humeurs de leurs proies. Fusiformes, brunes, à grande tête brune et pattes bien développées.

Grande famille. **Dytique bordé** (2) : un des plus grands Coléoptères européens ; dans lacs et mares de toute l'Europe. ***Agabus bipustulatus*** (3) et plusieurs espèces similaires communs dans mares et lacs ; d'autres dans ruisseaux, rivières et fossés. Beaucoup attirés par la lumière la nuit.

HYDROPHILE

Hydrophilidae

1-50 mm

1

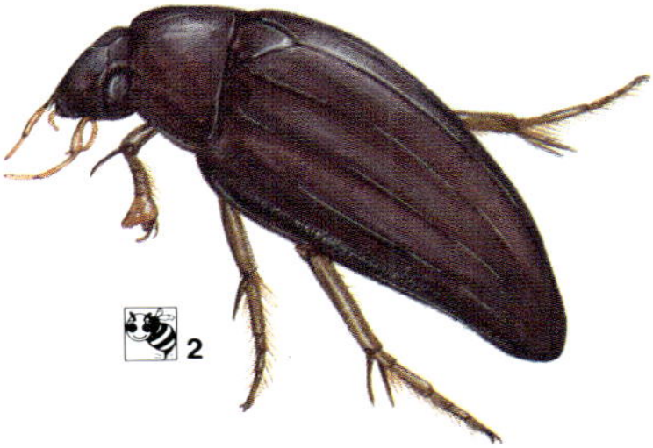

2

3

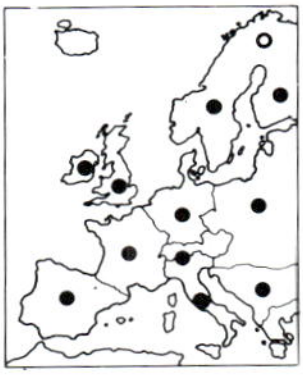

Profilé, noir ou brun foncé, couvert d'une couche d'air argentée chez les espèces aquatiques. Antennes courtes à massue terminale, palpes aussi longs que les antennes. Mauvais nageur avec les pattes arrière seulement légèrement aplaties.

Herbivore, la plupart vivant dans les eaux calmes ou stagnantes. Respire l'air avec l'extrémité de leurs antennes à la surface de l'eau. D'autres vivent dans la végétation en décomposition et dans les lieux humides.

Larves (1) souvent carnassières, se nourrissant d'animaux aquatiques. Droites et allongées, aplaties, avec une tête distincte et de grandes mâchoires.

Grande famille. **Hydrophile brun** (2) a une carène acérée sous le thorax qui peut couper des doigts imprudents ; vit dans eaux calmes et remplies d'herbes, à fond vaseux, principalement en Europe du sud. ***Cercyon analis*** (3) vit dans tas de compost et les plantes en décomposition dans toute l'Europe.

AUTRES COLÉOPTÈRES AQUATIQUES

Haliplidés
Petits Coléoptères en forme de bateau, environ 5 mm de long, pointus aux deux extrémités, jaunes ou bruns à points noirs. Dans l'eau à végétation dense, rampant lentement sur le fond. Se nourrissent principalement d'algues vertes et des insectes qu'ils peuvent capturer. Larves (2) sveltes, les articles du corps ont des lobes charnus à extrémités épineuses. Vivent dans habitats similaires à ceux des adultes, et se nourrissent comme eux.

Gyrins
Petits Coléoptères noirs, ovales, profilés, 5-10 mm de long, à antennes courtes. Pattes médianes et postérieures courtes, en forme de pagaie, les antérieures longues et minces. Yeux divisés horizontalement pour voir dans l'eau et l'air. Nagent sur les mares, se reposant en surface ou sur des plantes, fuient avec de rapides zigzags. Se nourrissent de larves de moustiques et insectes tombés dans l'eau. Larves (4) longues et minces, avec des branchies sur les côtés de l'abdomen ; chassent sur le fond en quête de larves d'insectes. Illustration **Gyrin nageur** *Gyrinus natator* (3).

CHARANÇON

Curculionidae

2-24 mm

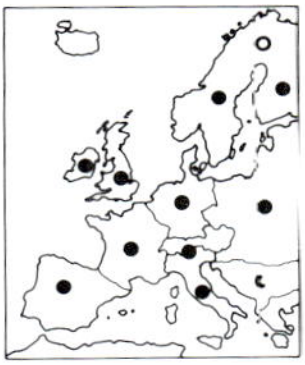

1

2

3

Corps dur et long museau. Antennes coudées, en massue ; prenant naissance à la moitié du museau. Beaucoup de charançons sont couverts de fines écailles qui leur donnent leur couleur. Plusieurs sont aptères avec des élytres soudés.

Sur les plantes. Perce des trous dans les feuilles et peut causer de grands dégâts. Feint d'être mort quand on le dérange et se laisse tomber à terre.

Œufs pondus dans le sol ou dans les graines, fruits, tiges, etc. par la femelle qui creuse un trou avec son long museau. Larves (1) courtes, blanchâtres et arquées, à petite tête foncée et sans pattes. Vivent dans graines, racines, noix, etc. causant souvent plus de dégâts que les adultes.

Grande famille avec de nombreux nuisibles. Larves de ***Otiorhynchus sulcatus*** (2) se nourrissent de racines dans de nombreux jardins et pots de fleurs. Femelle de **Anthonome du pommier** (3) pond dans les boutons floraux des pommiers. Charançon du blé se rencontre avec ses larves dans les entrepôts de grains où ils causent de grands dégâts.

AUTRES COLÉOPTÈRES

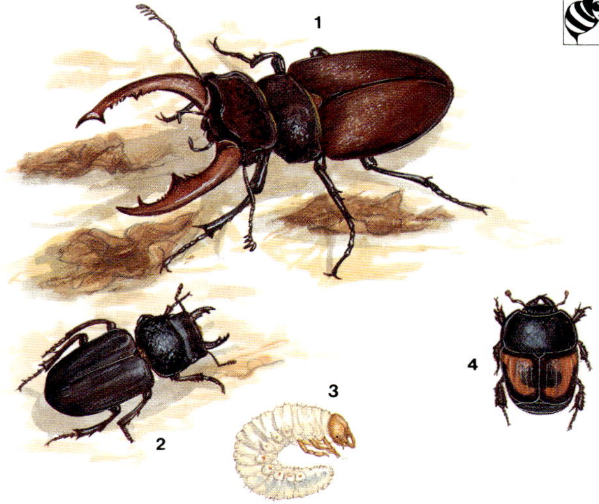

Lucanes
Coléoptères petits à grands, aplatis, lourds bruns ou noirs, jusqu'à 75 mm de long. Antennes coudées, à massues composées de 3 ou 4 plaques. Dimorphisme sexuel marqué : mâles ayant de plus grandes mâchoires que les femelles comme pour **Lucane cerf-volant** (1) et **Petite biche** (2), tous deux en Europe méridionale et centrale et Grande-Bretagne. Se rencontrent dans bois de feuillus, souvent de chênes, sur les plages sablonneuses et dans les villes, se cachant le jour sous rondins et souches. Larves (3) arquées en forme de C, vivent dans le bois pourri.

Escarbots
Coléoptères durs, noir luisant, 1-10 mm de long, certains à taches rouges sur les élytres courts, qui ne recouvrent pas les deux derniers segments abdominaux. Antennes coudées à épaisses massues comme des boutons. Tête, pattes et antennes peuvent être ramassées sous le corps. Adultes et larves dans la végétation en décomposition, les charognes et excréments, prédateurs d'autres insectes. ***Hister -4 maculatus*** (4) recherche le crottin de cheval et la bouse de vache. À quatre points rouges partiellement réunis sur un corps noir arrondi. D'autres espèces peuvent être entièrement noires.

AUTRES COLÉOPTÈRES

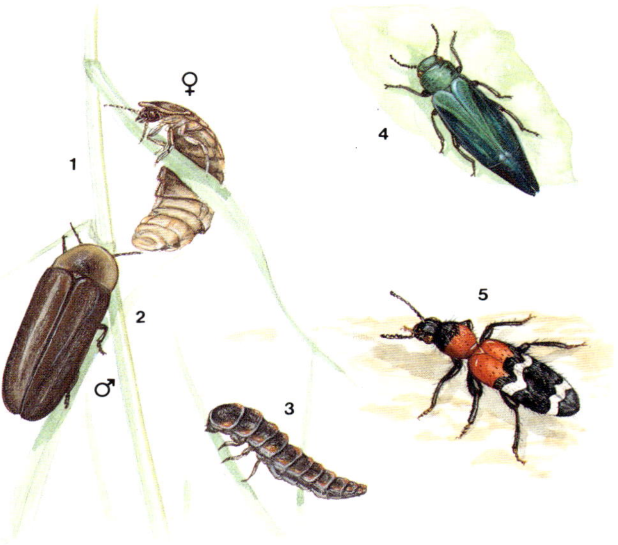

Vers luisants
Coléoptères allongés, à corps mou et élytres plutôt mous. Pronotum couvrant la tête. Lieux herbeux humides et prairies. Les **Vers luisants** ou **Lampyres** (1) sont actifs la nuit. Les femelles, parfois ailées, ressemblent à des larves ; en été, le soir, elles marchent sur le sol et émettent une lumière bleu-vert pour attirer les mâles ailés (2). Le mâle ressemble à un Coléoptère typique plat, brun terne, à côtés parallèles. Larves (3) également lumineuses. Contrairement aux adultes qui ne se nourrissent pas, les larves dévorent limaces et escargots.

Buprestes
Coléoptères minces, souvent de couleur métallique, à élytres striés ou piqués. Adultes souvent sur les fleurs. Larves creusant dans les arbres ou les tiges de plantes ; certaines nuisibles. ***Agrilus pannonicus*** (4) se rencontre souvent près des chênes.

Clairons
Petits Coléoptères à dessins vifs, à long corps velu, élytres mous et antennes en massue. Vivent dans les bois, sur le tronc des arbres et fleurs, comme le **Clairon des fourmis** (5).

AUTRES COLÉOPTÈRES

1

3

4

2

Méloés
Coléoptères allongés, à corps mou ou coriacé, 10-30 mm de long, à cou étroit, large tête et antennes filiformes. Élytres lâches. Adultes souvent sur les feuilles et fleurs. Larves parasites dans les nids d'abeilles ou les œufs de criquets. La **Mouche d'Espagne** ou Cantharide officinale (1) se rencontre dans les régions chaudes d'Europe. Son sang contient de la cantharidine, une toxine considérée jadis comme un aphrodisiaque. ***Meloe variegatus*** (2) est lourd, bleu ou violet irisé, à courts élytres écartés. Dérangé il exsude un liquide huileux âcre.

Nitudulidés
Petits Coléoptères ovales, aplatis, généralement noirs, souvent à taches rouges ou jaunes. Élytres souvent courts. Antennes à massues distinctes. Adultes et larves se nourrissent de sève, nectar, fruits fermentés et charognes. ***Carpophilus hemipterus*** (3) sont nuisibles dans les entrepôts de fruits.

Cucujidés
Coléoptères à corps plat, beaucoup vivant sour l'écorce, d'autres dans la végétation en décomposition. Antennes terminées par une massue peu distincte. Adultes et larves de ***Oryzaephilus surinamensis*** (4) chassent les insectes nuisibles dans les entrepôts et stocks de grains.

Hétéroptères

PUNAISE

jusqu'à 35 mm

1

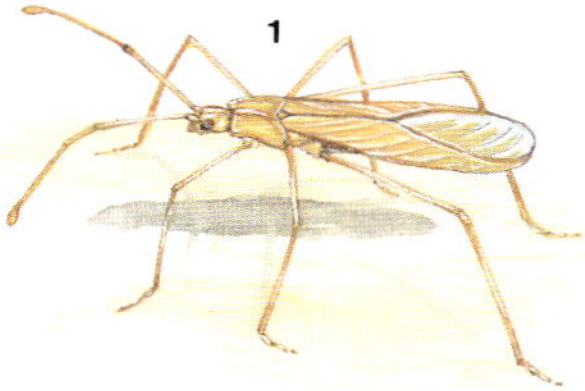

2

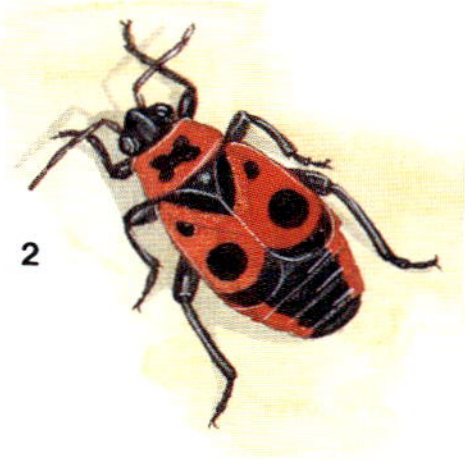

3

4

Insecte petit à moyen avec deux paires d'ailes. Ailes antérieures partiellement cornées et colorées, à extrémités membraneuses. Au repos les ailes avant sont posées à plat sur le dos et couvrent les ailes postérieures. Les extrémités membraneuses des ailes antérieures se chevauchent alors.

Pièces buccales modifiées pour la succion : punaise suce la sève des végétaux, ou chasse d'autres insectes, perçant leur proie et en suçant les humeurs. Certaines sont des parasites.

Nymphes généralement comme les adultes mais aptères. Les bourgeons des ailes externes grandissent graduellement à chacune des cinq mues. Les nymphes vivent comme les adultes, leurs pièces buccales suceuses restent identiques toute leur vie.

Grand ordre d'insectes, beaucoup vivant sur les plantes et s'en nourrissant et comprenant ***Berytinus minor*** (1), le ***Pyrrhocore aptère*** ou ***Soldat*** (2), les Lygaeidés, les Miridés, les Coréidés et les Pentatomidés. D'autres sont carnassiers comme les Saldidés, ex. ***Saldula saltatoria*** (3), et les Nabidés. D'autres sont aquatiques comme les **Nèpes cendrées** (4).

PUNAISE À BOUCLIER

3-20 mm

Pentatomidae

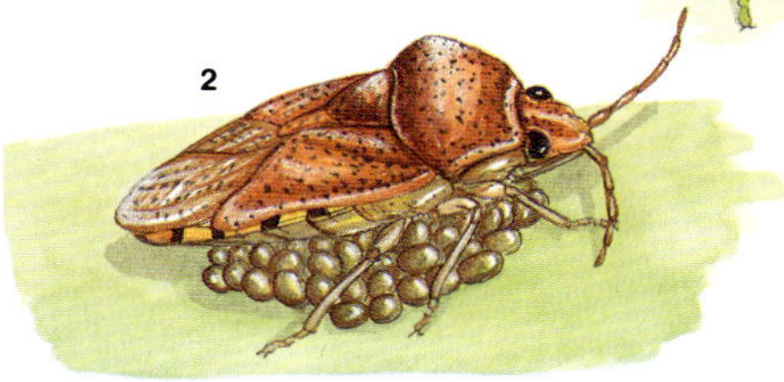

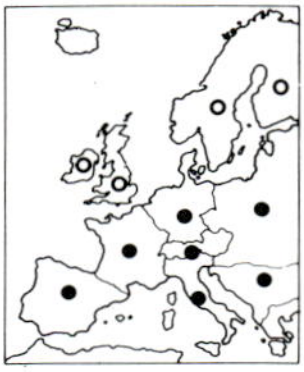

Grande punaise à corps large, en forme de bouclier, souvent verte ou brune mais certaines avec des taches vives. Grand scutum dorsal triangulaire entre les ailes. Certaines ont de grandes glandes odoriférantes sur la face inférieure pouvant exsuder un liquide fétide.

Sur toutes sortes de végétaux. Se nourrit de sucs de plantes ou chasse des insectes. Visible en général en automne et au printemps. Certaines sont nuisibles, d'autres sont des prédateurs utiles.

Œufs en forme de tonneau et pondus en amas. Jeunes nymphes (1) en forme de coccinelle, restant en groupe près des œufs. Deviennent plus plates et plus carrées en muant et ont tendance à se disperser. Aspect différent de celui des adultes car n'ont pas de bouclier dorsal.

Elasmasucha grisea (2) se rencontre sur les bouleaux ; femelles montent la garde près des œufs jusqu'à l'éclosion. La ***Punaise verte puante*** (3) est commune sur toutes sortes de plantes, surtout les étés secs. Les grandes Punaises des bois se rencontrent dans les bois et vergers. *Eurygaster, maura* peut endommager les céréales en Europe.

MIRIDAE

jusqu'a 10 mm

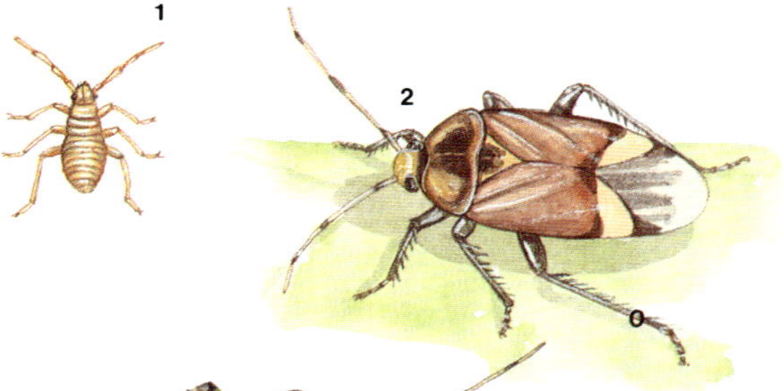

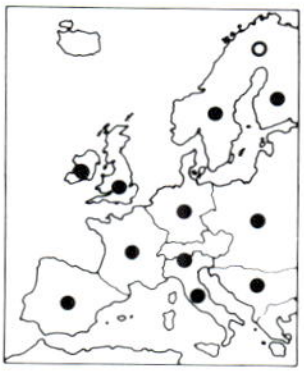

Punaise fragile, à corps relativement mou, généralement allongé ou oblong. Ailes antérieures avec deux nervures en boucle dans la zone membraneuse. Pattes et antennes se détachent facilement. Certaines ont des couleurs vives mais beaucoup sont camouflées en vert ou brun.

Sur toutes sortes de végétaux, quelques-unes seulement sont nuisibles. La majorité se nourrit de plantes, de fruits ou graines. Certaines prédatrices d'autres insectes qu'elles imitent, en général.

Nymphes (1) similaires aux adultes, perdent également leurs pattes et antennes facilement. Bourgeons alaires se développant extérieurement jusqu'à devenir des ailes avec la mue finale.

La plus grande famille de punaises en Europe. ***Lygus rugulipennis*** (2) se rencontre sur de nombreuses plantes herbacées et peut provoquer des points blancs sur les récoltes, légumes et mauvaises herbes. ***Blepharidopterus angulatus*** (3) se nourrit d'araignées rouges ; vit sur les arbres, surtout pommiers et citronniers et est utile dans les vergers.

LYGAEIDAE

jusqu'à 12 mm

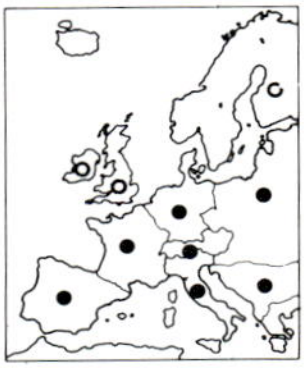

2

1

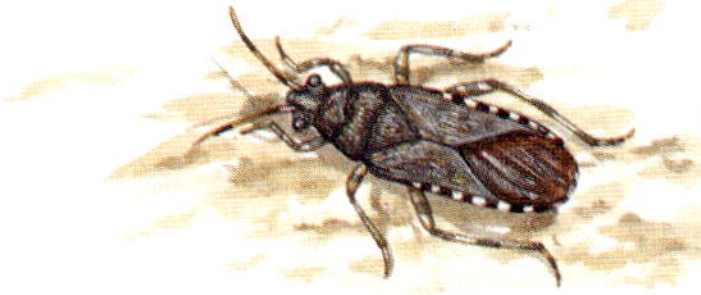

3

Punaise allongée ou ovale à corps dur habituellement brun foncé ou noir, beaucoup avec des taches rouges. Cinq nervures distinctes seulement dans la partie membraneuse de chaque aile avant et pas de nervure en boucle.

Se nourrit en général des graines de graminées et autres plantes ou suce les sucs végétaux ; certaines sont prédatrices. Se rencontre dans prairies, champs, terreau de feuilles, sur les arbres...

Nymphes (1) similaires aux adultes mais aptères. Les bourgeons alaires se développent progressivement à chaque mue. Vie similaire à celle des adultes, se rencontrent dans les mêmes endroits.

Ischnodemus sabuleti (2) se rencontre en essaim sur les têtes florales de graminées et les roseaux, parfois sur les céréales ; certains individus ailés, d'autres aptères. La **Punaise des orties** (3) est commune sur les orties et autour.

PUNAISE DES LITS

Cimicidae

2-8 mm

1

2

3

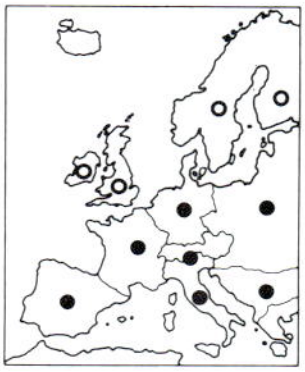

Petite punaise sombre, brune ou noire, généralement à corps et face très aplatis. Certaines espèces aptères. Les espèces ailées ont les ailes avant nettement divisées en cinq zones distinctes, séparées par des sutures.

Certaines espèces ailées vivent sur les plantes, se nourrissant de pucerons, thrips, acariens et autres insectes. Suce le sang des oiseaux et mammifères. Vit dans les nids et tanières de ses hôtes.

Nymphes vivant dans les mêmes lieux et ayant un style de vie similaire à celui des adultes. Chez les espèces ailées, les bourgeons alaires se développent à chaque mue jusqu'à ce que les ailes soient entièrement formées chez l'imago.

Anthocoris nemorum (1) traque ses proies en été et hiverne sous l'écorce. *Xylocoris galactinus* qui lui est apparenté, vit dans les tas de compost, de foin ou les entrepôts de grains. **Punaise des lits** (2) et ses nymphes (3) vivent dans les maisons, se cachant dans crevasses ou literie le jour, sortant la nuit pour sucer le sang des dormeurs.

GERRIS

10-12 mm

Gerridae

1

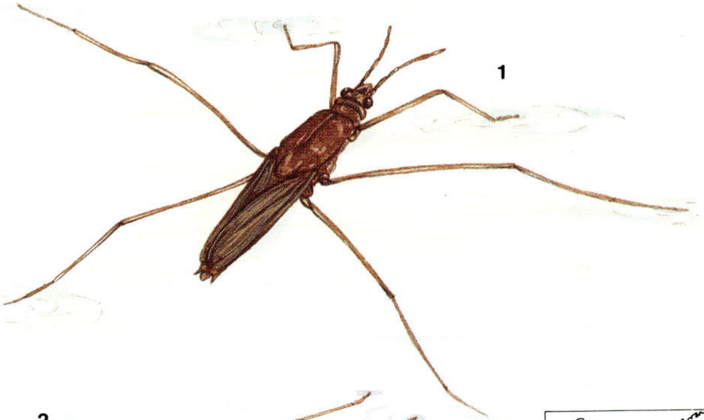

2

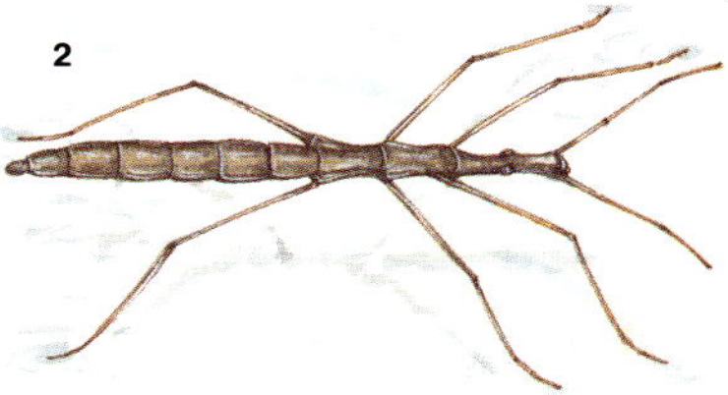

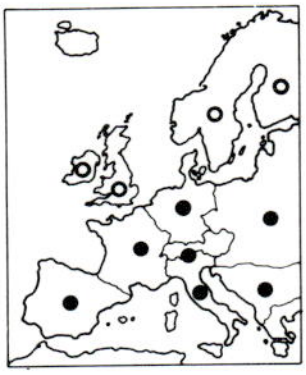

Corps fusiforme et longues pattes centrales et postérieures qui reposent sur l'eau en faisant de petites rides à la surface. Une couche de poils veloutés épais, imperméables, qui empêchent que les insectes ne soient prisonniers de l'eau.

Insecte semi-aquatique qui « patine » sur l'eau des mares, lacs et rivières ; certains vivent sur la mer. Se nourrit d'insectes tombés dans l'eau, qu'il tient avec ses pattes antérieures.

Nymphes similaires aux adultes, avec style de vie identique, mais plus petites. Les bourgeons alaires se développent extérieurement, grandissant à chaque mue, se transformant en ailes lors de la dernière mue.

Les ***Gerris lacustris*** (1) se rencontrent sur presque toutes les eaux calmes. L'**Hydromètre** ou Punaise à avirons (2) similaire a un corps allongé très fin et de très longues pattes ; souvent aptère ; elle se déplace lentement. *Velia caprai*, une espèce plus petite mais plus grosse vit dans les ruisseaux et mares, courant sur l'eau.

PUNAISES AQUATIQUES

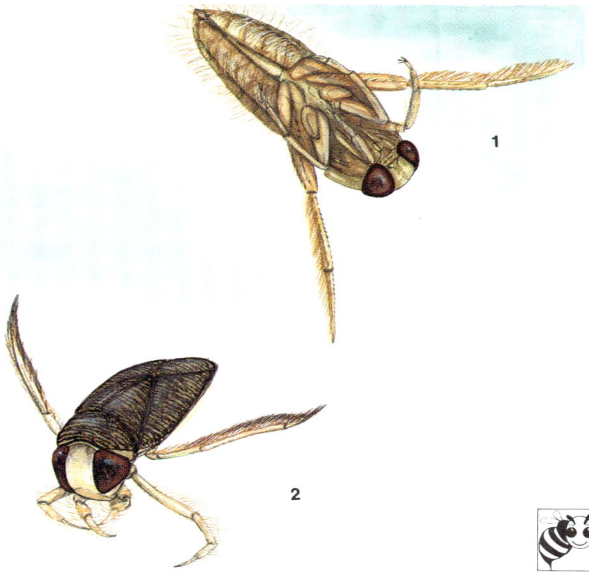

1

2

Notonectes
Les Notonectes ressemblent à de petites barques avec une paire d'avirons ; ils nagent sur le dos, et ont de grandes pattes postérieures aplaties qu'ils utilisent comme des avirons. Peuvent mordre si on les touche. Se rencontrent dans les mares et lacs, souvent au repos à la surface, la tête en bas et le ventre en l'air. Prédateurs, se nourrissent de poissons, têtards et autres créatures. Nymphes similaires aux adultes, avec style de vie identique, mais plus petites et avec des ailes non fonctionnelles, en développement. Adultes atteignent environ 15 mm et volent bien.
Illustré : **Notonecte glauque** (1).

Corixidés
Ressemblent aux Notonectes mais utilisent les pattes arrière et médianes comme avirons et nagent sur le ventre. Dans les mares et lacs. Restent souvent près du fond, s'agrippant aux rochers ou herbes, se nourrissant de débris de plantes et d'algues. Nymphes similaires aux adultes, style de vie identique, mais plus petites et ailes en développement et non fonctionnelles. Adultes atteignent environ 12 mm et volent bien.

PUNAISES CARNASSIÈRES

1

2

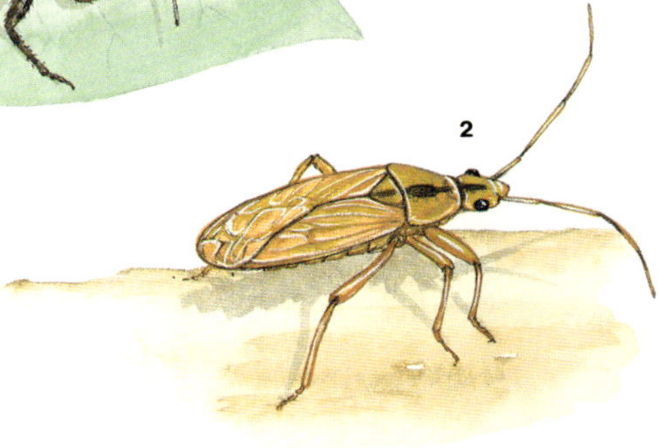

Punaises assassins
Punaises robustes ou allongées, généralement brunes, 5-20 mm de long, à longues pattes. Capturent leurs proies avec leurs pattes antérieures souvent pourvues d'épines. Abdomen souvent plus large que les ailes. Prédateurs féroces, chassant des insectes et imitant souvent leur proie ; peuvent mordre ou émettre un son si manipulés. ***Coranus subapterus*** (1) est un insecte à ailes courtes que l'on trouve dans les landes et dunes de sable. Le Réduve masqué à ailes bien développées est attiré par la lumière la nuit ; il vit autour des maisons, chassant mouches et punaises des lits.

Nabides Petites punaises prédatrices brunes, comme les punaises assassins mais plus minces, jusqu'à 10 mm de long, à pattes relativement longues. Adultes et nymphes souvent parmi les herbes ou la végétation basse, chassant des insectes comme pucerons et chenilles. Saisissent les proies avec les pattes antérieures et les poignardent avec le rostre, puis sucent leurs humeurs. Adultes volent bien. ***Nabis rugosus*** (2) est typique, se rencontre dans presque tous les endroits herbeux. *Dolichonabis limbatus* est similaire mais a des ailes courtes et vit dans les lieux herbeux humides.

AUTRES PUNAISES

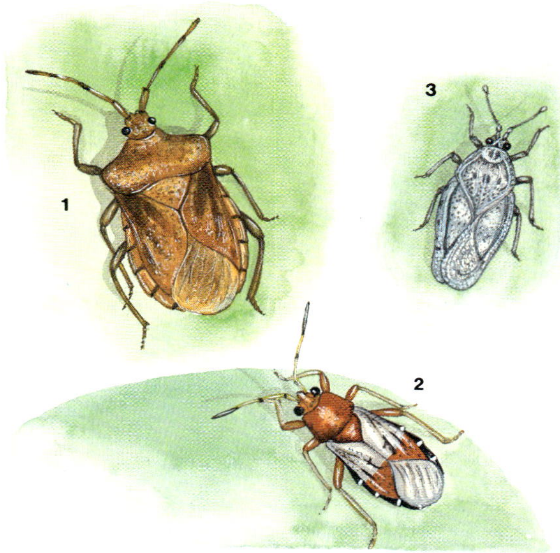

Corées
Grandes punaises souvent brun terne, plus ou moins allongées, jusqu'à 15 mm de long, souvent à abdomen plus large que les ailes et grand scutum. Certaines ont des piquants ou des tubercules sur la tête et le thorax. Antennes grosses et fortes, surtout chez les jeunes nymphes. Tête étroite, grands yeux. Peuvent exsuder un liquide fétide lorsqu'on les dérange. Se rencontrent sur les plantes, se nourrissant souvent de fruits et graines. Nymphes dans les mêmes lieux que les adultes ; ont souvent des piquants latéraux et de longues antennes. Le **Corée marginée** ou Syromaste (1) se rencontre sur patiences et oseilles en été.

Genre **Rhopalus**
Similaires aux Coréidés mais généralement rouges et/ou noirs. Ailes antérieures souvent membraneuses. Sur les plantes, beaucoup se nourrissant de graines et fruits. ***Rhopalus subrufus*** (2) se rencontre dans les bois et haies.

Tingidés
Petites Punaises aplaties, jusqu'à 5 mm de long. Souvent grisâtres et couvertes de cire. Thorax et ailes antérieures ressemblent à de la dentelle. Adultes et « nymphes » sous les feuilles ou dans les mousses. « Nymphes » souvent épineuses et plus sombres que les adultes. ***Tingis cardui*** (3) vit sur les chardons.

CIGALES, PUCERONS...

En général 1-10 mm

Homoptères

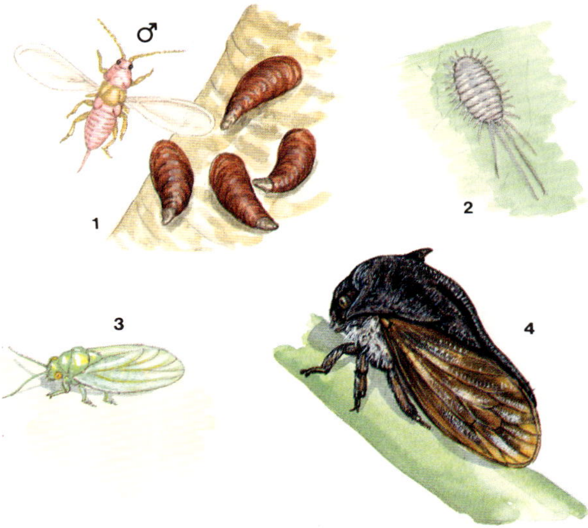

Pour la plupart petits insectes avec deux paires d'ailes similaires, chitineuses ou membraneuses (homoptère signifie « ailes semblables ») ou aptères. Au repos, ailes repliées en forme de toit au-dessus du corps. Pièces buccales suceuses qui prennent naissance loin en arrière sous la tête.

Toutes se nourrissent de plantes, suçant leurs sucs. Se rencontrent sur toutes les parties de la plante, des racines aux feuilles, tiges, fleurs et fruits.

Nymphes souvent de forme similaire à celle des adultes mais aptères. Cycle de vie souvent normal avec les nymphes se transformant en imago après plusieurs mues, comportant parfois une alternance de formes ailées et aptères.

Très grand ordre, beaucoup sont nuisibles. Comprennent les cicadelles et cigales, pucerons et coccides, aleurodes, ou cochenilles. Sont illustrés sur cette page : ***Lepidosaphes ulmi*** (1) sur écorce de pommier ; ***Pseudococcus longispinus*** (2), un fléau des serres ; le **Psylle du pommier** (3), un autre nuisible pour les pommiers ; et le **Centrote cornu** (4).

ALEURODE OU MOUCHE BLANCHE

Aleyrodidae 1-2 mm

Minuscule, couvert de poudre blanche et à ailes transparentes, blanchâtres ou tachetées. Ressemble à de minuscules papillons de nuit, avec deux paires d'ailes proportionnellement grandes. Ailes postérieures légèrement plus grandes que les antérieures.

Pour la plupart des insectes tropicaux. L'un d'eux est un parasite des serres et des plantes d'intérieur.

Nymphes (1), toutes petites créatures ovales, fixées sous les feuilles par des fils minuscules. Au stade final ressemblent à une pupe. Nymphes et adultes sucent sève des feuilles et les couvrent d'une miellée collante ou se développent des moisissures qui rendent les feuilles grises.

Plusieurs espèces en Europe. Certaines sont des nuisibles comme *Aleyrodes proletella* qui provoque des dégâts considérables sur choux et autres Crucifères. ***Trialeuroides vaporarium*** (2) attaque les plantes de serre et d'intérieur, surtout les tomates, concombres et fuschias. Nymphes ressemblant à des cochenilles.

PUCERON

jusqu'à 5 mm

Aphidae

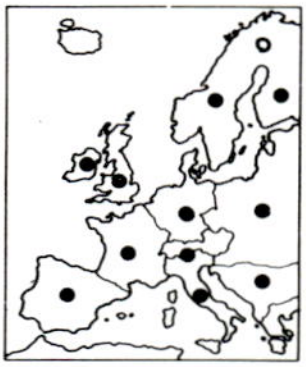

Corps petit et mou, en forme de poire, généralement vert, brun ou rouge, ailé ou aptère. Ailes tenues à la verticale au-dessus du corps. Paire de cornicules (organes produisant de la cire) à l'arrière de l'abdomen. Rostre suceur pointu.

Nuisible des plantes cultivées et sauvages ; souvent en grand nombre, abîmant les feuilles et affaiblissant les plantes dont il suce la sève. Souvent élevé par les fourmis pour leur miellée.

Femelles aptères nées au printemps, quittent les plantes hôtes pour produire la génération suivante. Des individus de celle-ci volent sur un cerisier où les femelles se multiplient. Les mâles volent jusqu'au cerisier pour s'accoupler. Les femelles pondent à la fin de l'été.

Grande famille. Les pucerons attaquent les arbres : (pin, chêne, pommier...) mais aussi de nombreuses plantes sauvages et cultivées (choux et blé). Les nuisibles communs du jardin comprennent l'espèce ***Macrosiphum***, nuisible des rosiers (nymphe (1), forme aptère (2) et forme ailée (3)) et ***Aphis fabae*** (4), nuisible des haricots et autres plantes.

CICADELLE

Cercopidae

5-10 mm

1

3

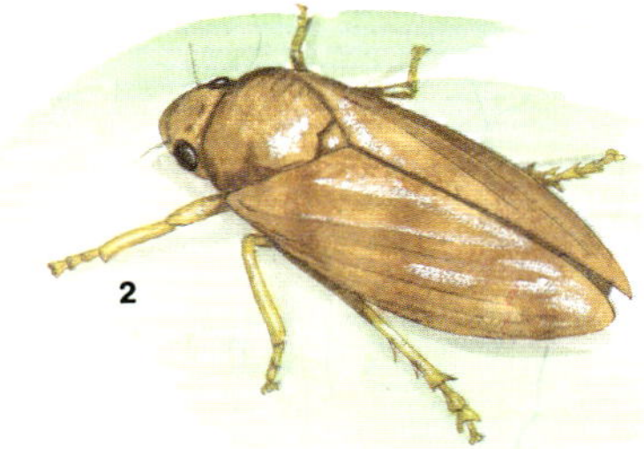

2

Insecte ovale ou allongé, généralement brun mais certains vivement colorés. Ailes antérieures chitineuses et pattes avec quelques piquants. Grand pronotum mais ne couvrant pas l'abdomen. Deux antennes minuscules se dressent à l'avant de la tête entre les yeux.

Saute comme de minuscules grenouilles. Se rencontre dans les prairies, jardins et bois. Suce la sève des plantes, surtout des nouvelles pousses, provoquant des dégâts.

Nymphes de nombreuses espèces (1) vivent dans des masses d'écume blanche (« crachat de coucou ») qui les protègent du dessèchement et des prédateurs. Produisent cette écume en sécrétant ce « crachat » par l'anus ; il s'écoule sur le corps et se mélange à l'air pour faire des bulles.

Le familier « crachat de coucou » des jardins et haies provient de la ***Philaenus spumarius*** ; ses nymphes sont vertes et les adultes (2) brun terne. ***Cercopis vulnerata*** (3) est plus grand et moins discret. Vit surtout dans les bois où les nymphes se développent dans le sol, entourées d'écume solidifiée et se nourrissant de racines.

CIGALES ET CICADELLES

1

3

4

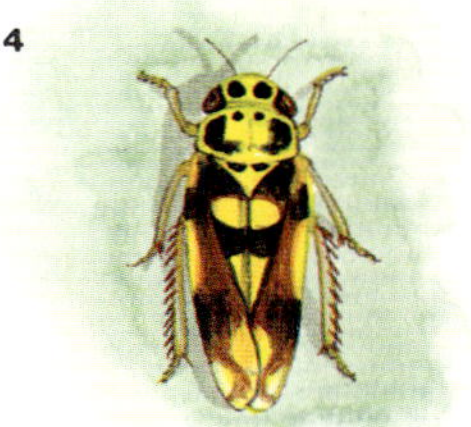

2

Cigales
Grands insectes noirâtres avec deux paires d'ailes membraneuses transparentes, ailes antérieures deux fois plus longues que les postérieures ; envergure jusqu'à 85 mm. Mâles émettent une stridulation caractéristique grâce à des organes sonores situés à la base de l'abdomen. Adultes perchés dans buissons et arbres, mâles chantant pour attirer les femelles. Nymphes (1) se développent dans le sol, aspirant les sucs des racines. Au bout d'un certain nombre d'années, elles émergent, grimpent dans les arbres et muent pour devenir adultes. **Cigale des montagnes** (2) est commune dans les bois.

Cicadelles
Petits insectes sauteurs comme de grands Cercopidés, jusqu'à 10 mm de long, souvent verts ou de couleurs vives. Antennes sur la tête, entre les yeux. Communes sur les arbres, arbustes et plantes herbacées, dans prés, vergers, jardins et bois. Sucent la sève des plantes, laissant une tache pâle autour de la blessure. Quelques-unes sont nuisibles. Beaucoup exsudent une miellée. La **Cicadelle verte** (3) vit sur les herbes dans les prairies humides. ***Eupteryx aurata*** (4) vit sur orties et menthes et peut être nuisible sur les pommes de terre.

GRILLONS ET SAUTERELLES - CRIQUETS

Ensifères et caelifères

la plupart 5-40 mm

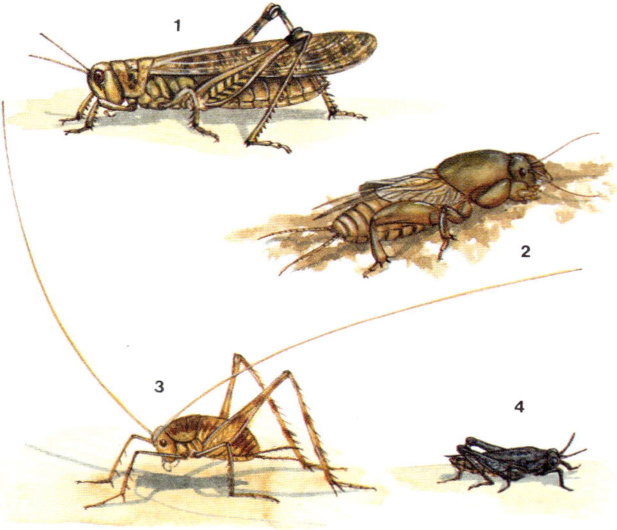

Grands insectes avec de longues pattes arrière et deux paires d'ailes. Ailes antérieures longues, étroites et coriacées, protégeant des ailes postérieures membraneuses, pliées sous les antérieures au repos. Tête aplatie latéralement avec grandes pièces buccales broyeuses. Grand pronotum.

Criquets se nourrissent pour la plupart de plantes, sauterelles d'insectes. Beaucoup sautent et planent plus qu'ils ne volent. Les mâles stridulent souvent pour la parade et pour marquer leur territoire.

De nombreuses espèces pondent en été et automne, les œufs hivernent et éclosent au printemps. Nymphes similaires aux adultes mais aptères ; les bourgeons alaires se développent à chaque mue. Nymphes dans les mêmes lieux que les adultes.

Ordres principalement tropicaux (autrefois réunis sous le nom d'orthoptères) dont certains membres étaient des fléaux comme les **Locustes** ou **Criquets migrateurs** (1). La **Courtilière** (2) creuse des galeries dans le sol meuble. La **Sauterelle des serres** (3) chasse divers insectes nuisibles aux serres. ***Tetrix undulata*** (4) ressemble à une Sauterelle silencieuse.

CRIQUET

pour la plupart 12-30 mm

Acrididae

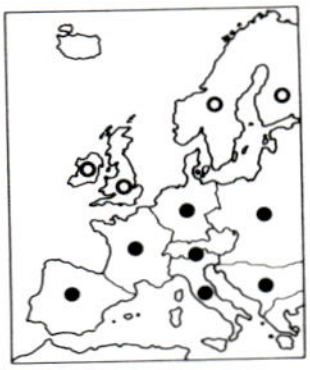

2

1

Caelifère aux grosses antennes courtes, moins de la moitié de la longueur du corps. Les mâles stridulent en frottant leurs fémurs postérieurs contre les dures nervures des ailes antérieures. Tympans de chaque côté de l'abdomen.

Actif de jour : mâles « chantant » plus fort par grand soleil. Se rencontre dans les prairies et bois mixtes. Se nourrit de plantes, souvent d'herbes. Bondit avec agilité ou vole très bien.

La plupart des criquets pondent en été et les œufs passent l'hiver dans une enveloppe protectrice. Nymphes semblables à de petits adultes avec des bourgeons alaires au lieu d'ailes, vivent dans les mêmes lieux.

Certains sont des espèces très répandues, familières au bord des routes et dans les prés, comme ***Chorthippus brunneus*** (1) et le ***Criquet vert commun*** (2). Certains peuvent être des fléaux destructeurs comme le **Criquet migrateur** que l'on rencontre en Europe méridionale, généralement solitaire mais parfois en nuées ; peuvent atteindre 60 mm de long.

SAUTERELLE

Tettigoniidae

pour la plupart 20-40 mm

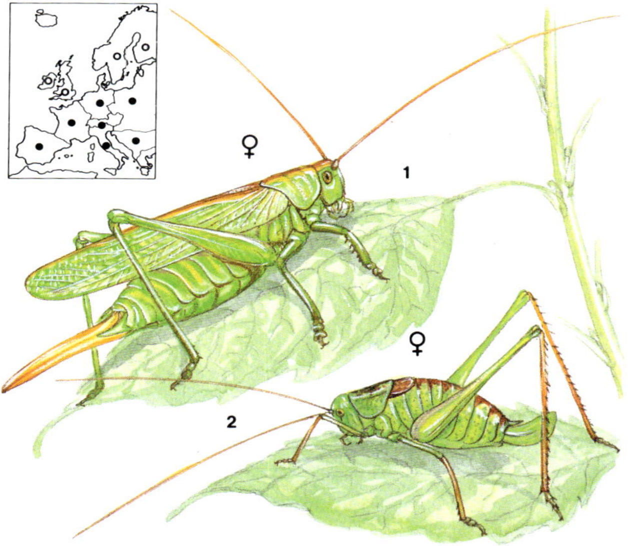

Ensifère aux minces antennes souvent plus longues que le corps. Mâles stridulent en se frottant les ailes antérieures l'une contre l'autre. Tympans présents sur les pattes avant. Femelles ont un ovipositeur en forme de sabre.

Mâle chante le soir et la nuit, quelques-uns le jour, chaque espèce a son propre chant. Se rencontre dans prairies humides, marais, haies et lisière des bois. Se nourrit de plantes et autres insectes.

Nymphes apparaissent au début de l'été et vivent dans habitats similaires à ceux des adultes mais beaucoup restent près du sol ou vivent dans végétation dense. Comme de petits adultes mais avec des bourgeons alaires en développement au lieu d'ailes.

Beaucoup d'espèces sont vertes, d'autres brunes. Une des plus grande est la **Grande Sauterelle verte** (1), que l'on trouve dans jardins, terrain cultivé, bord des routes, plaines d'Europe, se cachant dans la végétation comme ***Leptophyes punctatissima*** (2). Cette espèce répandue se rencontre dans les jardins et bois.

GRILLON

7-25 mm

Gryllidae

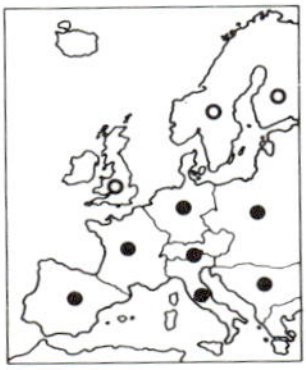

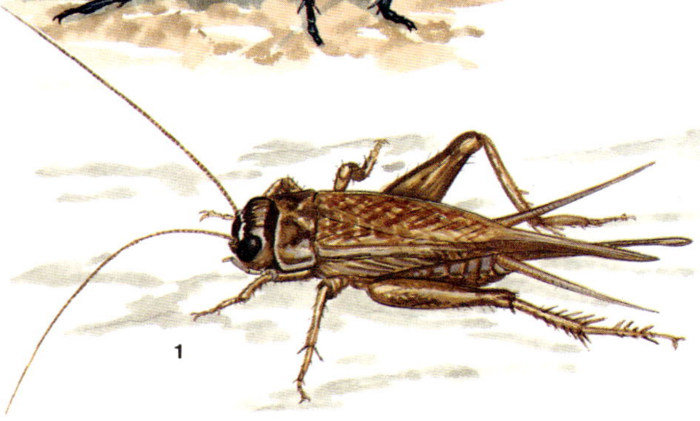

Ensifère aplati, brun ou noir, à longues antennes mesurant jusqu'à la moitié du corps. Longs cerques apparents à l'extrémité de l'abdomen. Mâles stridulent en frottant leurs ailes antérieures l'une contre l'autre. Femelles ont de longs ovipositeurs cylindriques.

Sur le sol ou dans des terriers, beaucoup ne volent pas. Le chant des mâles les nuits d'été est un grésillement. Se nourrit de plantes, d'aliments stockés ou d'autres insectes.

Nymphes hivernent, se développant à partir d'œufs pondus l'été précédent. Les nymphes plus âgées vivent sur le sol ou dans des terriers. Similaires aux adultes et même type d'alimentation. Bourgeons alaires se développent peu à peu, grandissant à chaque mue.

Grillon domestique (1) se rencontre dans les vieux bâtiments. Aime la chaleur. **Grillon des champs** (2) vit dans champs secs, landes et talus ensoleillés. *Œcanthus pellucens*, jaune brun pâle, commun sur buissons et arbres.

BLATTE OU CAFARD

Blattidea 7-35 mm

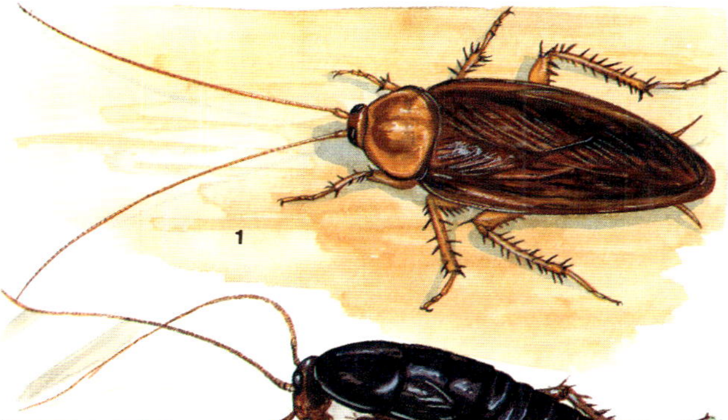

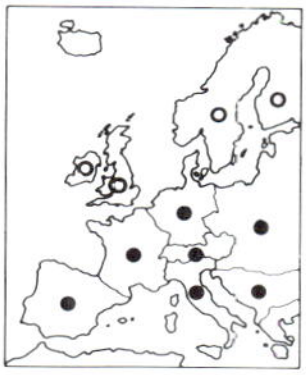

Insecte plat, ovale, brun rougeâtre. Tête cachée par pronotum. Antennes longues et minces. Ailes antérieures épaissies et couvrant au repos les ailes postérieures membraneuses ; mais les ailes peuvent manquer.

Se nourrit de débris d'aliments et autres substances comestibles dans les maisons et autres bâtiments. Sort la nuit. Contamine ce qu'il ne mange pas par son odeur de moisi.

Femelles transportent puis pondent leurs œufs dans des oothèques coriacées dans des crevasses sombres. Nymphes comme adultes mais en miniature et aptères. Bourgeons alaires, si présents, grandissent peu à peu à chaque mue ; style de vie similaire à celui des adultes.

35 000 espèces dans le monde. Ordre d'insectes principalement tropicaux. La **Blatte américaine** (1), cosmopolite, a de grandes ailes et vole. Tout aussi cosmopolite le **Cafard** (2) est brun rougeâtre foncé ; mâles à ailes plus courtes mais femelles aptères. Les deux espèces sont communes dans les maisons et cuisines.

NÉVROPTÈRES

5-25 mm ; envergure jusqu'à 50 mm

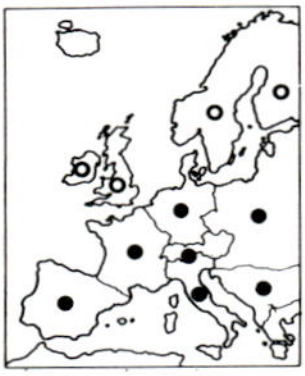

Corps mou, vert ou brun, avec deux paires d'ailes membraneuses, repliées en toit au repos. Les ailes ont un réseau très dense de nervures. Antennes longues. Pas de cerques.

Principalement nocturne. Se rencontre dans prairies, jardins et autres zones ouvertes, bois et végétation dense, maisons. Se nourrit de pucerons, cochenilles, aleurodes, acariens.

Chrysopa septempunctata pond sur feuilles ou rameaux, chaque œuf sur une longue tige ; larves (1) aplaties et allongées ; certaines recouvertes de débris. Les œufs de *Hemerobius humulinus* ne sont pas portés par une tige mais larves similaires. Se nourrissent d'insectes comme les adultes.

Groupe hétérogène. *Osmylus fulvicephalus* grand insecte brun à ailes tachetées, 50 mm d'envergure, près des cours d'eau. ***Chrysopa septempunctata*** (2) plus petit (12-25 mm d'envergure), aux ailes vertes et yeux dorés. ***Heterobius humulinus*** (3) encore plus petit (5-12 mm d'envergure) et brun, ailes et yeux bruns.

TRICHOPTÈRES

jusqu'à 25 mm de long

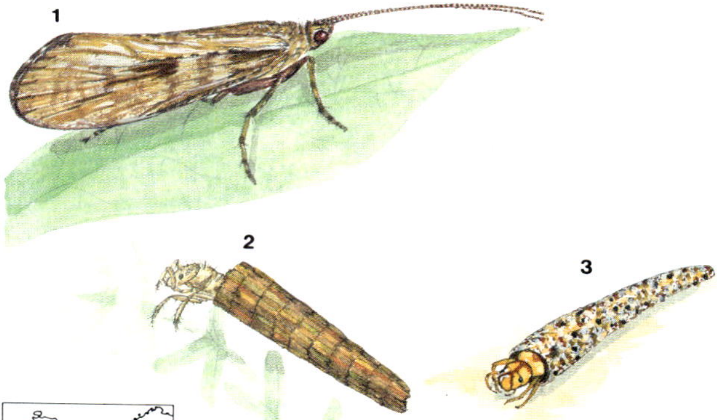

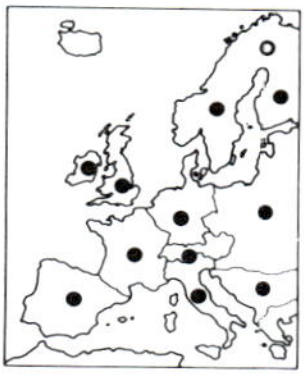

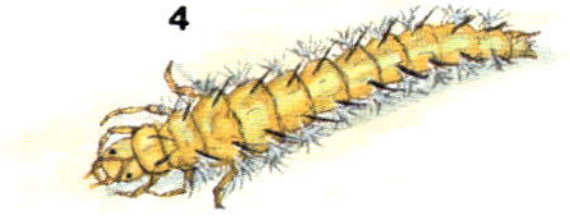

Insecte long et cylindrique, corps mou, brunâtre, sans cerques. Deux paires de grandes ailes membraneuses velues, pliées en toit au repos. Ailes avec quelques nervures transversales. Antennes aussi longues que les ailes ou plus longues.

Vole mal, vol irrégulier à la tombée de la nuit pour beaucoup, souvent attiré par la lumière. Se cache le jour dans crevasses ou végétation près de l'eau et se nourrit peu.

Larves comme chenilles, à tête dure et mâchoires broyeuses, trois pattes sur le thorax et deux forts crochets au bout de l'abdomen. Vivent dans l'eau, beaucoup se préparent un fourreau revêtu de brindilles, grains de sable ou de feuilles ; d'autres tissent des filets ou restent libres.

La **Grande Phrygane** (2) édifie un fourreau avec des fragments de plantes ; les larves de ***Odontocerum albicorne*** (3) et de *Athripsodes cinereus* font des étuis avec des grains de sable. Ces deux espèces vivent dans les lacs et rivières. Les larves libres, comme celles de ***Rhyacophila dorsalis*** (4), vivent parmi les pierres dans les cours d'eau rapides.

LIBELLULE

30-85 mm ; envergure 45-110 mm *Odanates*

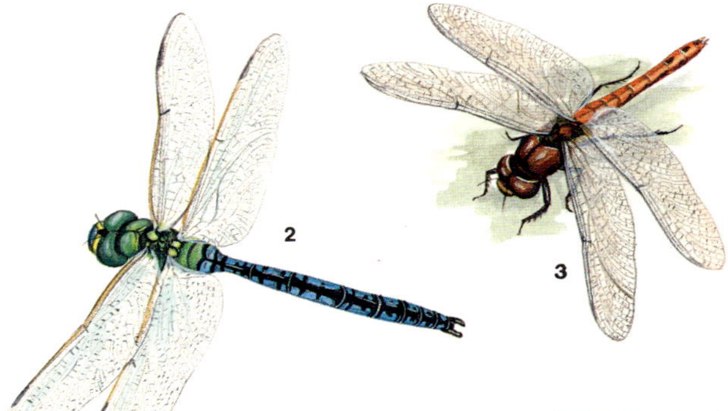

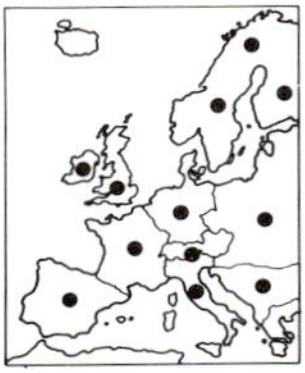

Corps gros avec deux paires de grandes ailes membraneuses. Ailes à nervures complexes et nervures transversales. Au repos, ailes étalées latéralement. Tête très mobile cachée en grande partie par les énormes yeux. Pièces buccales broyeuses.

Grand prédateur poursuivant ses proies, des insectes comme les moustiques, en vol. Vole de jour, le plus souvent au-dessus et près de l'eau.

Grandes nymphes (1) vivent dans mares et ruisseaux, se nourrissant d'insectes aquatiques, les attrapant avec un masque : grande lèvre inférieure articulée qui peut être projetée en avant en un éclair pour attraper la proie.

Les plus grandes Libellules, comme l'**Anax empereur** (2), à long corps, peuvent voler sur de longues distances, patrouillant souvent sur un itinéraire défini. Celles à corps plus court, comme ***Sympetrum striolatum*** (3), sont souvent perchées sur des buissons, bondissant sur leurs proies.

DEMOISELLE

Odanates

30-50 mm ; envergure 45-70 mm

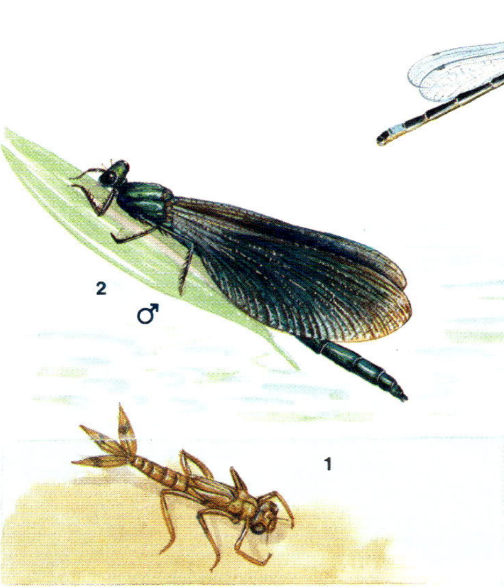

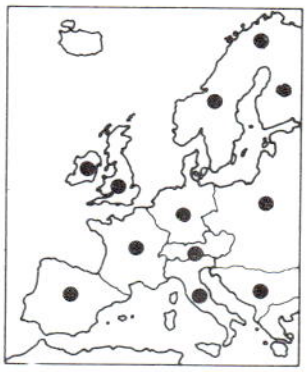

Parente plus petite des libellules. Corps mince et deux paires de grandes ailes membraneuses de la même forme et à la même nervuration. Au repos les ailes sont repliées sur le dos. Grande tête et yeux comme ceux des libellules.

Vit près de l'eau. Passe beaucoup de temps sur la végétation, attaquant les proies qui passent, comme les moustiques, et volant la plupart du temps au soleil avec une légère dérive.

Nymphes (1) vivent dans mares et ruisseaux, comme nymphes de libellules mais s'en distinguent aisément par les trois branchies en plaques au bout de l'abdomen. Capturent leurs proies avec un masque, comme les nymphes de la libellule.

Agrion virgo (2) compte parmi les demoiselles à ailes larges. Elles sont moins communes que celles à ailes étroites qui ont des ailes pédonculées à la base ; celles-ci comprennent les demoiselles rouges et bleues comme l'**Ischnure élégant** (3).

PERLE

4-30 mm, envergure jusqu'à 50 mm *Plécoptères*

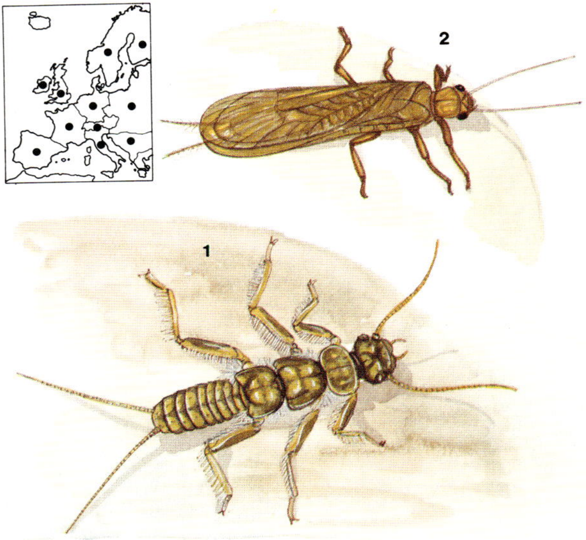

De taille moyenne, à corps mou et plat avec deux longues antennes sur la tête et souvent deux longs cerques sur l'abdomen. Les deux paires de grandes ailes membraneuses ont de nombreuses nervures. Au repos, les ailes sont repliées au-dessus de l'abdomen.

Surtout commune près des eaux vives. Vole mal, se rencontre souvent sous les pierres, sur troncs d'arbres ou se reposant sur la végétation près de l'eau.

Nymphes (1) ressemblant aux adultes mais aptères, certaines avec branchies en touffes sur thorax et abdomen. Vivent sous pierres ou débris, dans ruisseaux bien oxygénés, rapides, clairs, non pollués. Ont deux longs cerques abdominaux.

Deux grandes espèces similaires connues comme ***Perla bipunctata*** (2), toutes deux près des rivières caillouteuses. Les *Leuctra* sont généralement plus petites et enroulent leurs ailes sur les côtés du corps au repos. *Taeniopteryx nebulosa* vit, chose inhabituelle, près des ruisseaux vaseux et vole en fin d'hiver et début de printemps.

ÉPHÉMÈRE

Ephéméroptères

jusqu'à 25 mm

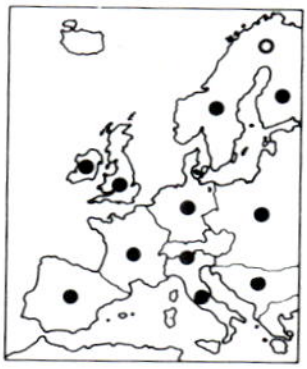

2

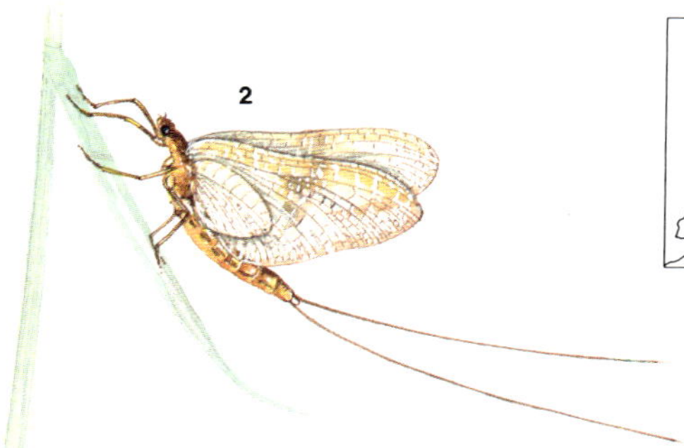

1

Corps mou, brunâtre ou jaunâtre, avec deux ou trois longs cerques. La plupart ont deux paires d'ailes, dressées même au repos. Ailes antérieures grandes, plus ou moins triangulaires, avec de nombreuses nervures et nervures transversales ; postérieures plus petites ou absentes.

Près de l'eau. Nymphes sortent de l'eau et muent en 48 h se transformant en adultes. Ceux-ci vivent quelques jours ou moins. Vol non puissant. Mâles se réunissent en essaims.

Nymphes (1) vivent dans lacs et rivières, dans vase du fond, sous pierres, dans mousse ou crevasse de la rive. Jusqu'à 25 mm de long, branchies abdominales et trois longs cerques. Sortent de l'eau en été pour devenir adultes.

Éphémères communes, de type fouisseur, comme ***Ephemera danica*** (2) atteignent 25 mm de long. Les espèces plus petites atteignent 12 mm. Vivent près des cours d'eau lents ou des mares à côté des larves. Certaines Éphémères vivent près des cours d'eau rapides où leurs nymphes se cachent sous les pierres dans le courant.

PERCE-OREILLE OU FORFICULE

5-30 mm *Dermaptères*

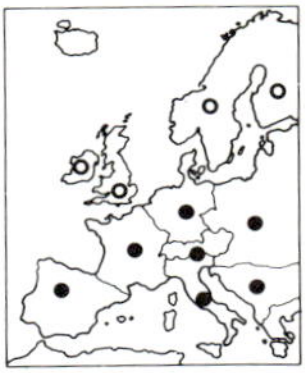

Long corps, aplati, coriacé, brun ou noir, avec pinces caractéristiques au bout de l'abdomen. Antennes d'environ la moitié du corps. Certains aptères, la plupart ont de courtes ailes antérieures dures couvrant les ailes postérieures membraneuses repliées.

Vit dans lieux humides, crevasses, sous écorce ou dans sol, se cachant le jour et sortant la nuit. Omnivore. Certains sont nuisibles dans jardins de fleurs.

Nymphes (1) similaires aux adultes mais souvent plus pâles et plus molles, avec des bourgeons alaires grandissant à chaque mue. Beaucoup vivent en groupe gardées par la mère jusqu'à ce qu'elles soient adultes, dans les mêmes lieux que les adultes.

Perce-oreille commun (illustré) est l'espèce la plus commune en Europe ; souvent nuisible au jardin. D'autres sont de forme similaire mais peuvent grimper haut dans les arbres ou arbustes, creuser des galeries dans le sol, vivre sur les rives des ruisseaux ou sur les rivages marins.

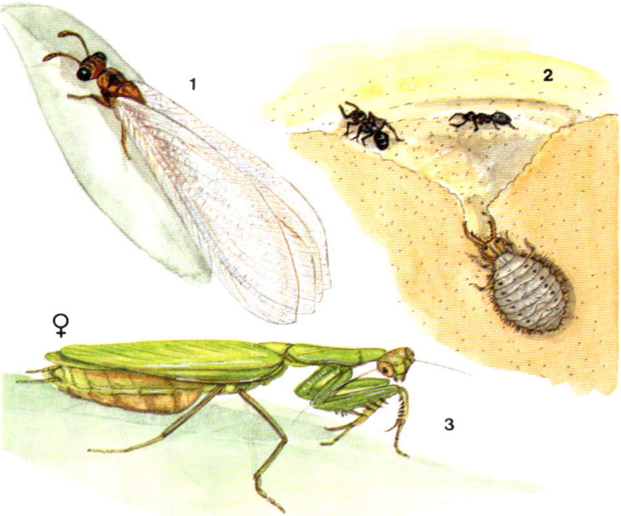

Fourmilions
Grands insectes à long corps étroit et quatre ailes délicates à réseau de nervures. Envergure jusqu'à 10 cm. Courtes antennes en massue. La plupart des adultes (1) volent le soir ou la nuit, souvent attirés par la lumière. Vol lent et papillonnant. Se reposent le jour dans la végétation, les ailes en toit. Larve (2) vit dans sol sablonneux, souvent au fond d'un entonnoir, saisissant avec ses grandes mâchoires les victimes qui passent. Dans les zones chaudes et sèches. Le **Fourmilion** *Myrmeleon formicarius* (illustré) se rencontre depuis la Scandinavie jusqu'au sud. Illustré : Fourmilion, adulte (1), larve (2) entonnoir avec fourmis autour.

Mantes
Insectes allongés à corps cylindrique coriacé et longues antennes minces. Généralement vertes ou brunes. Ailes postérieures membraneuses, antérieures épaissies et couvrant les postérieures au repos. Pattes avant très grandes pour capturer les proies, pourvues d'épines sur le bord interne pour tenir la proie. Sur arbres et arbustes, immobiles ou guettant une proie. Certaines sont attirées par la lumière la nuit. **Mante religieuse** (3) est l'espèce la plus commune en Europe.

AUTRES INSECTES

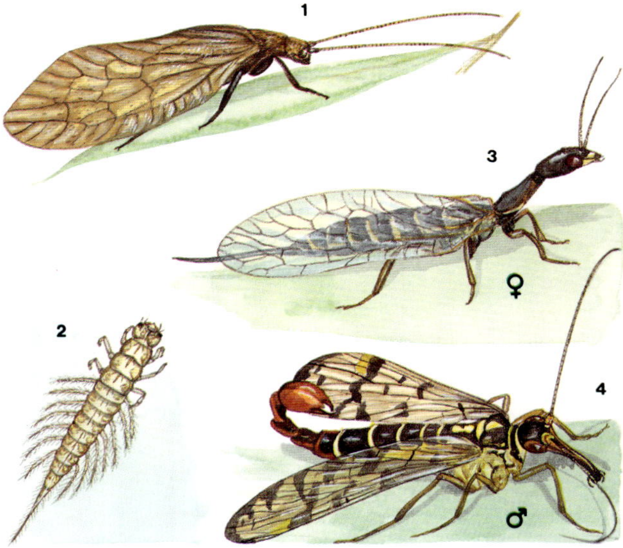

Sialis
Insectes moyens, environ 25 mm de long, généralement brunâtres, à corps mou et deux paires d'ailes nervurées. Antennes longues et minces. Nervures des ailes non fourchues au bord. Adultes (1) volent le jour ou se reposent dans la végétation près de l'eau. Vol maladroit et lent. Larves (2) vivent dans eaux à courant faible ou stagnantes. Elles ont 3 paires de pattes et 7 paires de branchies plumeuses sur l'abdomen. Rampent à terre pour se métamorphoser. La nymphose a lieu au printemps ou en début de l'été.

Raphidies (3)
Insectes brunâtres à corps mou, avec deux paires d'ailes nervurées délicates (envergure jusqu'à 30 mm) et longues antennes. Tête portée haut au-dessus du corps sur un long prothorax. Dans les bois ou sur leurs lisières.

Panorpes (4)
Insectes moyens avec deux paires d'ailes nervurées, tachetées de marron. Antennes longues. Les mâles ont un abdomen relevé comme un dard de scorpion, d'où leur nom de Mouches-scorpions. Adultes dans les zones boisées. Larves ressemblent à des chenilles ; vivent dans sol ou terreau de feuilles.

PUCES ET POUX

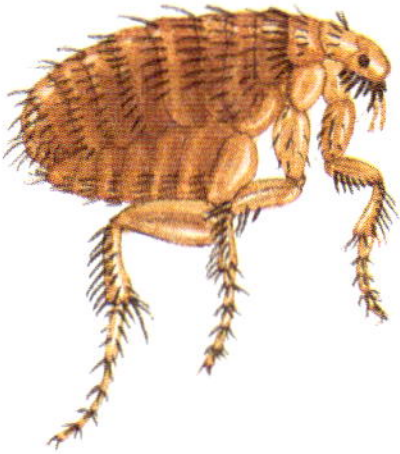

1

2

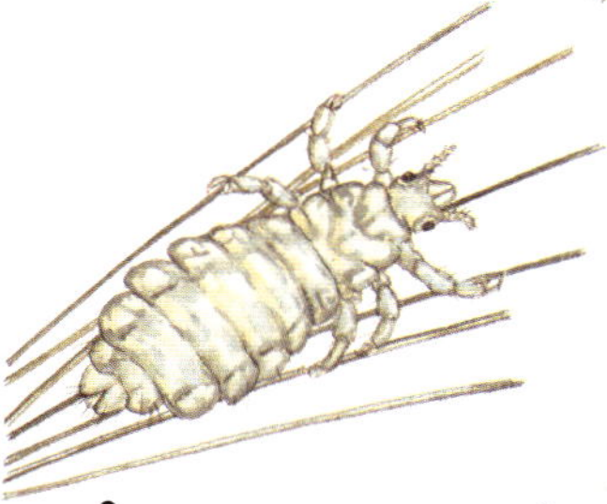

3

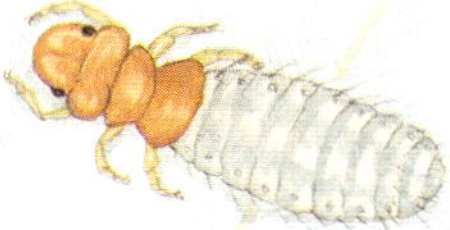

4

Puces
Insectes bruns ou noirs, aptères, aplatis latéralement, jusqu'à 5 mm de long. La plupart ont un corps dur avec de nombreuses épines et poils. Pattes postérieures longues et utilisées pour sauter. Puces vivent dans nids et tanières des oiseaux et mammifères. Comprennent les **Puces du chat** (1) et les **Puces de l'homme** (2). Sucent le sang de leurs hôtes et peuvent porter des maladies comme le typhus et la peste. Les Puces des lapins transmettent la myxomatose. Œufs pondus dans les débris ou la poussière ; larves se nourrissent de poils et autres restes organiques.

Anoploures
Insectes aptères, ovales ou circulaires, à corps plat, pâle, jusqu'à 5 mm de long. Pattes courtes et incurvées vers l'intérieur, adaptées pour s'accrocher aux poils. Parasites vivant sur mammifères et suçant le sang. Le **Pou de corps** (3) vit sur la tête.

Mallophages
Insectes allongés ou ovales, velus, aptères, jusqu'à 5 mm de long. Pattes agrippantes, petites et grosses. Parasites vivant sur mammifères et oiseaux, se nourrissant de plumes, poils, peau ou sang. **Menopon gallineae** (4) vit sur poulets et canards.

COLLEMBOLE

généralement 1-5 mm

1

2

3

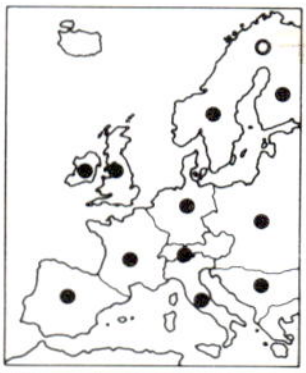

Minuscule insecte à corps mou, aptère, généralement allongé. De couleur variable, la plupart blancs ou gris, d'autres jaunes ou bruns. Un tube sort du premier segment abdominal et une « queue » fourchue est repliée sous l'extrémité de l'abdomen.

Saute en l'air lorsqu'il relâche la flexion de la « queue ». Se rencontre presque partout, le plus souvent en sol humide, dans végétation pourrissante et le terreau de feuilles. Certains vivent sur l'eau.

Nymphes extérieurement comme de petits adultes. Se rencontrent avec eux dans les mêmes lieux.

Beaucoup de **Puces d'eau** (1) vivent sur l'eau des mares et ruisseaux, les Puces de mer parmi les rochers côtiers. ***Sminthurus viridus*** (2), qui peut être un fléau pour les pois, vit dessus. Les **Entomobryoïdés** (3) vivent dans le terreau de feuilles, le bois pourri, sous les pierres, etc. ; certains sont nuisibles dans les serres.

LÉPISME

Lepismatidae

7-12 mm

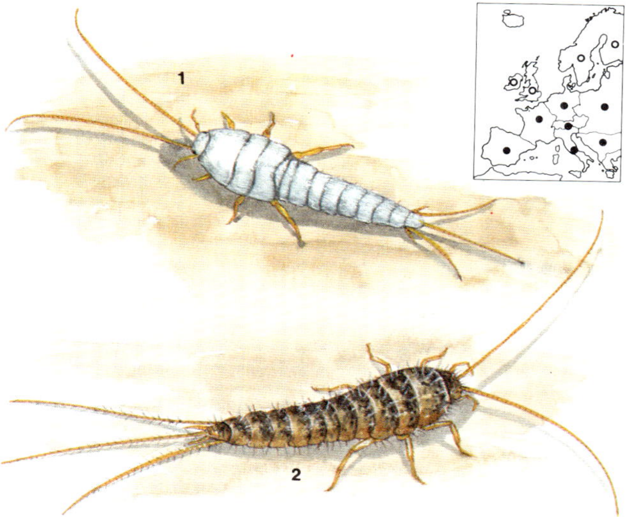

Insecte aptère, mou, aplati, brun ou gris argenté et couvert d'écailles. Trois longs cerques sur l'abdomen et deux longues antennes sur la tête. Yeux petits et écartés.

Dans les maisons ; court vite pour se cacher si on le dérange. Le Petit Poisson d'argent se nourrit de féculents secs, de reliures de livres et de colle à papier. Le Lépisme domestique mange les déchets de cuisine.

Nymphes similaires aux adultes et même style de vie. Mettent environ deux ans pour venir à maturité.

Petit Poisson d'argent (1) couvert de minuscules écailles argentées ; vit dans tiroirs, salles de bains, derrière bibliothèques. **Lépisme domestique** (2) brun et gris, vit dans endroits chauds, près des chaudières et tuyaux de chauffage. D'autres parents vivent dans le sol, terreau de feuilles et caves ; également sur les grèves.

Index

N'oubliez pas de cocher l'index au fur et à mesure de vos découvertes. Les chiffres en gras renvoient aux illustrations.